SingLiesel

MIX
Papier aus verantwortungsvollen Quellen
FSC® C014138
www.fsc.org

Impressum:

Druck: FINIDR, Czech Republic

Satz: Martin Janz, Freiburg i.Br.

Umschlaggestaltung: Röser MEDIA GmbH & Co. KG, Karlsruhe

Bildnachweise: Shutterstock.com; S. 26, 27, 51, 71, 84 © Agnes Boos

ISBN 978-3-948106-61-4

2. Auflage

www.singliesel.de

Alle Übungsvorschläge in diesem Buch sind aus der Praxis heraus entstanden und vielfach erprobt. Bitte vergessen Sie aber nicht, dass jeder Mensch, mit dem Sie als Übungsleiter oder Übungsleiterin Gedächtnistraining und Bewegungsübungen machen, seine spezielle Tagesform und seine einzigartige Biografie mitbringt, die Sie dabei vielleicht berücksichtigen müssen. Nicht jede Übung passt für jeden. Die Autorinnen und der Verlag haften nicht für etwaige Personen- oder Sachschäden.

In diesem Buch befinden sich Links und Angaben zu Webseiten Dritter. Bitte beachten Sie, dass sich die Autorinnen und die SingLiesel GmbH die Inhalte Dritter nicht zu eigen machen, für die Inhalte nicht verantwortlich sind und keine Haftung übernehmen.

Agnes Boos | Karin Platje

Aktives Gedächtnistraining für Senioren

Die besten Bewegungsübungen, um Kopf und Körper fit zu halten

Wie dieses Buch entstanden ist

„Schreiben Sie doch mal ein Buch, in dem all Ihre Übungen zusammengefasst sind!" Dieser Satz, den wir von vielen Teilnehmerinnen und Teilnehmern unserer Seminare gehört haben, hat uns ermutigt, diese Idee aufzugreifen und umzusetzen.

Während unserer langjährigen freiberuflichen Tätigkeit im Bereich Gedächtnistraining und Sport sowie in pädagogischen Bereichen haben wir erkannt, wie wichtig das kombinierte kognitive und motorische Training ist: Gedächtnistraining, eingebunden in Bewegungsaufgaben, fördert in besonderem Maße koordinative Fähigkeiten sowie Konzentration, Wahrnehmung, Denkflexibilität und Merkfähigkeit. Wenn wir z.B. die Aufgabe stellen, dass ein Ball nach rechts zu jeder zweiten Person im Stuhlkreis gerollt werden soll, dann ist zum einen die Bewegung des Ballrollens gefragt und gleichzeitig die Konzentration und Merkfähigkeit für die bestimmte Art der Weitergabe.

Wer fit bleiben will, sollte sowohl Bewegungstraining als auch Denktraining in seinen Alltag integrieren. Im Laufe der letzten Jahre konnten wir viele Teilnehmerinnen und Teilnehmer für unser Übungsangebot begeistern und sie dazu anregen, auch eigene Ideen zu entwickeln.

Unser Buch richtet sich an Leserinnen und Leser, die in den Bereichen Bewegungstraining und Gedächtnistraining mit Seniorinnen und Senioren arbeiten, insbesondere an die Personen, die in der stationären oder ambulanten Betreuung tätig sind.

Entstanden ist eine Sammlung aus eigenen Ideen sowie modifizierten Übungen aus alten und neuen Spielquellen, die eine Fülle von abwechslungsreichen und erprobten Denk- und Bewegungstrainings bietet. Aus dieser bunten Palette können Sie Übungen wählen, die für Ihre Zielgruppe passen oder leicht abgewandelt werden können. Da ältere Menschen verschiedene Leistungsniveaus aufweisen, haben wir viele Basisübungen durch Varianten ergänzt. So können die Übungen an die Fähigkeiten der jeweiligen Zielgruppe angepasst werden.

Mit unserem Buch möchten wir dazu anregen, Bewegungs- und Gedächtnistraining regelmäßig einzusetzen, um die geistige und körperliche Leistungsfähigkeit der Teilnehmenden gezielt zu fördern und damit deren Selbstständigkeit möglichst lange zu erhalten.

Wir wünschen Ihnen viel Neugierde beim Lesen und
jede Menge Spaß und Erfolg beim Ausprobieren!

Agnes Boos und Karin Platje

Inhalt

Wissenswertes rund ums Altern

Was passiert beim Altern?

Wenn Menschen sich mit dem Thema „Alter" auseinandersetzen, äußern sie in diesem Zusammenhang meist auch den Wunsch, möglichst gesund zu altern und sich die Selbstständigkeit zu erhalten. Auch für Menschen, die aufgrund motorischer und kognitiver Einschränkungen bereits auf Hilfe angewiesen sind, ist der Erhalt der – wenn auch oft eingeschränkten – Selbstständigkeit ein wichtiger Lebenswunsch.

In Bezug auf präventive und erhaltende Funktionstrainings ist die Gruppe der Älteren und Hochaltrigen in den letzten Jahren besonders in den Fokus gerückt. Ihre Zahl nimmt rasant zu.

Menschen, die Ältere und Hochaltrige privat oder von Berufs wegen betreuen und begleiten, benötigen fundierte Kenntnisse, wie sie den Erhalt der Selbstständigkeit unterstützen können.

Beim Training spielen Faktoren wie individuelle Bewältigungsstrategien, Motivation, Gefühle, Ressourcenförderung und Integration der Maßnahmen in den Lebensalltag eine entscheidende Rolle. Daher ist es wichtig, das Training dem jeweiligen Gesundheitszustand und den individuellen Bedürfnissen der Teilnehmenden anzupassen. Spaß und Freude am Training sollten immer Berücksichtigung finden.

Alter führt zu Veränderungen

Zwar ist das Alter nicht zwangsläufig mit Krankheit verbunden, aber mit steigendem Alter mehren sich Einschränkungen durch Defizite, die die individuelle Lebensqualität beeinträchtigen können. Insbesondere im sogenannten vierten Lebensalter, ab 80+, verlieren die Menschen durch teilweisen Verlust geistiger und körperlicher Fähigkeiten zunehmend ihre Selbstständigkeit.

Neben der Beeinträchtigung der Sehkraft und des Hörvermögens kommt es zu Verschleißerkrankungen des Skelettsystems, Einschränkungen des Herz-Kreislauf-Systems und einer Reduzierung der allgemeinen Leistungsfähigkeit. Aufgrund der Einnahme von Medikamenten zur Verringerung krankheitsbedingter Symptome kann es zu Schwindel, Müdigkeit oder anderen Einschränkungen kommen, die sich negativ auf die Mobilität auswirken können.

Mobilität ist jedoch eine Grundvoraussetzung für eine weitgehend selbstständige Lebensgestaltung. Sie erlaubt die Interaktion mit der Umwelt, Teilhabe am sozialen Leben, sie verschafft Anreize und Impulse und stärkt die Lebensqualität sowie das Wohlbefinden.

Beim Training mit älteren Menschen steht daher das Fördern von Kompetenzen für alltagsrelevante Handlungen wie das Gehen, das Anziehen oder selbstständiges Essen im Vordergrund. Hierbei ist es für aktivierende Personen wie Betreuungskräfte oder Angehörige wichtig, ältere Menschen differenziert zu betrachten. Neben dem Rückgang bestimmter Fähigkeiten muss der Blick darauf gerichtet sein, die individuellen Kompetenzen zu erkennen und zu berücksichtigen.

Typische Alterungsprozesse

„Use it or lose it!"

Die Biologie des Menschen folgt diesem Grundprinzip und baut Funktionen kontinuierlich ab, die nicht genutzt werden. Unser Körper erhält nur die Funktionen aufrecht, die regelmäßig eingesetzt und trainiert werden, und kann diese bis ins hohe Alter verbessern. Es gilt demnach das Motto: „Wer rastet, der rostet!"

In den letzten Jahren sind viele Studien durchgeführt worden, die die Wirkung von Bewegung und Gedächtnistraining als präventive oder rehabilitative Maßnahmen im Alter untersuchen. Dabei wurde der Blick insbesondere auf die Frage gerichtet, ob man durch entsprechendes Training verschiedenen Krankheiten im Alter oder sogar einer Demenz vorbeugen bzw. diese hinauszögern kann.

Es wird aufgezeigt, dass altersbedingte Einschränkungen in hohem Maße das Resultat mangelnden Trainings darstellen.

Oder umgekehrt formuliert: Zwei Drittel der frühzeitigen altersbedingten Rückbildungen könnten durch regelmäßiges Training verhindert bzw. hinausgezögert werden.

Der Organismus des Menschen hat die Eigenschaft, auf besondere körperliche und geistige Belastungen mit funktionellen und morphologischen Veränderungen zu reagieren. Diese Adaptionsfähigkeit ist nur dann aufrechtzuerhalten, wenn sie durch Training aktiviert wird.

Muskulatur

Mit zunehmendem Alter verliert der Körper an Muskelkraft. Dieser Abbauprozess beginnt bereits ab dem 30. Lebensjahr und verstärkt sich im Alter.

Der Abbau von Muskelmasse hat Auswirkungen auf die Funktionsfähigkeit des Körpers und damit auf die Selbstständigkeit älterer Menschen. Nachlassende Muskelkraft bei Älteren bewirkt, dass die Sicherheit beim Stehen verloren geht, die Gehgeschwindigkeit reduziert ist und das Aufstehen vom Stuhl oftmals Schwierigkeiten bereitet.

Zudem leidet die Körperhaltung unter den schwächer werdenden Rücken- und Bauchmuskeln. Es entsteht eine typische Fehlhaltung, die Rückenschmerzen und Gelenkprobleme zur Folge hat. Bandscheiben werden geschädigt, Gelenke falsch belastet und Bänder überstrapaziert; selbst die Atmung wird durch herabhängende Schultern und einen runden Rücken eingeschränkt.

Muskeln sind jedoch bis ins hohe Alter trainierbar. Auch Hochaltrige können durch ein gezieltes und regelmäßiges Muskeltraining ihre Kraft für den Alltag erhalten.

Knochen

Auch unser Knochengerüst verliert mit zunehmendem Alter an Substanz. Dieser Knochenschwund ist individuell sehr unterschiedlich bis hin zu krankhaftem Abbau wie der Osteoporose. Diese Knochenbrüchigkeit birgt das Risiko von Knochenbrüchen, z.B. des Oberschenkelhalses, selbst wenn die Betroffenen nur gestolpert sind.

Der normale Knochenabbau lässt sich mit regelmäßiger Bewegung und gezieltem Muskeltraining verlangsamen, denn Knochen bauen Substanz auf durch Belastung.

Gelenke

Auch die Gelenke zeigen altersbedingte Verschleißerscheinungen. So führt ein Mangel an Bewegung zum Abbau der Knorpelmasse, die zwischen den beiden Knochen eines Gelenks sitzt und dafür sorgt, dass die Knochen nicht gegeneinander reiben. Ähnlich wie beim Knochen sorgt auch hier die nötige Bewegung für die Gesunderhaltung – und damit für die Beweglichkeit der Gelenke.

Durch regelmäßige Druckbelastung wird Gelenkflüssigkeit produziert, die ebenfalls dazu beiträgt zu verhindern, dass die beiden Gelenkknochen aneinander reiben.

Herz-Kreislauf-System

Die Leistungsfähigkeit des Herzens ist abhängig von seiner gesunden Belastung. Ein Herz, das kaum mehr gefordert wird, weil sein Besitzer sich kaum bewegt, wird seine Leistung zurückfahren und bei Anstrengung schnell an seine Grenzen stoßen.

Daher ist ein regelmäßiges Ausdauertraining wichtig für eine gesunde Herzleistung und somit ein wichtiger Baustein zur Vermeidung einer Herzinsuffizienz.

Sinnesorgane

Auch die Sinne sind von Funktionseinschränkungen im Alter betroffen. Schon im mittleren Erwachsenenalter lassen besonders der Seh- und der Hörsinn nach. Unsere Sinne sind jedoch wichtig für den Austausch mit der uns umgebenden Welt und das gemeinsame Erleben. Zudem wirkt sich Schwerhörigkeit auf die Gedächtnisleistung aus. Auch die taktile Wahrnehmungsfähigkeit, also Empfindungen, die den Tastsinn betreffen, ist im Alter oft eingeschränkt, etwa durch die abnehmende Anzahl sensorischer Rezeptoren. Bei Menschen mit einer Demenz ist darüber hinaus der Riechsinn auffallend gestört.

Möglichkeiten, bei Hochaltrigen die Sinnesorgane zu stimulieren, sind z.B. Fühl- und Tasträtsel, Geschmacks- und Geruchsspiele.

Gedächtnis

Als Gedächtnis bezeichnet man die Fähigkeit des Nervensystems, aufgenommene Informationen zu ordnen, abzuspeichern und wieder abzurufen. Dies geschieht in bewussten oder unbewussten Lernprozessen. Voraussetzung hierfür ist die enorme Plastizität (Anpassungsfähigkeit) des Gehirns, die ein Leben lang erhalten bleibt.

Das Alter hinterlässt aber auch Spuren an unserem Denkorgan. Bildgebende Verfahren zeigen, dass das Gehirn im Alter schrumpft. Dabei kommt es zum Verlust von Kontaktstellen und Faserleitungen.

Die Veränderungen im Gehirn beginnen bereits im Alter von ca. 25 Jahren. So ist ein Umsatzrückgang des Botenstoffs Dopamin messbar, der sich um etwa zehn Prozent pro Dekade vergrößert. Dies hat zur Folge, dass sich bei Seniorinnen und Senioren das Arbeitsgedächtnis verlangsamt.

Auch die Aufmerksamkeitsfähigkeit lässt nach, da ältere Menschen Schwierigkeiten damit haben, Störreize wie etwa Lärm auszublenden. Überlagerungen von Informationen, sogenannte Interferenzen, wirken sich ebenfalls ungünstig auf die Gedächtnisleistung im Alter aus.

Ältere Menschen profitieren jedoch von ihrer kristallinen Intelligenz, also von ihren Erfahrungen sowie dem Wissen und den Fähigkeiten, die sie im Lauf des Lebens erworben haben. Sie helfen ihnen, das Nachlassen des Arbeitsspeichers zu kompensieren.

Hormone

Im Alter sinkt die natürliche Hormonproduktion rapide ab. So wird die Produktion der für die biologischen Prozesse im jungen Erwachsenenalter wichtigen Wachstumshormone und Geschlechtshormone zurückgefahren, aber auch andere Hormone, wie z.B. das Schlafhormon Melatonin, werden in geringeren Mengen gebildet.

Da die Hormone unser Immunsystem beeinflussen, ist es wichtig, die Hormonproduktion durch gesunde Ernährung und regelmäßige Bewegung anzuregen.

Bewegungstraining für ein gutes Altern

Auch Hochaltrige profitieren von regelmäßiger Bewegung, denn die beschriebenen altersbedingten Rückbildungen sind zum Teil das Resultat mangelnder Bewegung bzw. mangelnden Trainings. Ungenügende Nutzung körperlicher Strukturen mindert unterschiedliche körperliche Fähigkeiten. Gezieltes Bewegungstraining dagegen erhält Kernkompetenzen zur Alltagsbewältigung und trägt somit zum Erhalt der Selbstständigkeit bei.

Muskelkraft

Sie wird benötigt, um aufzustehen, zu gehen, Treppen zu steigen, die Tasche zu tragen, die Tür aufzudrücken …

Standfestigkeit und Balance

Sie sind die Voraussetzung, um Stürze zu verhindern.

Beweglichkeit

Sie ist notwendig, um sich alleine anziehen und waschen zu können, den Haushalt zu erledigen, Hobbys nachzugehen …

Gehfähigkeit und Mobilität

Die Gehfähigkeit schließt neben der Mobilität auch die Geschwindigkeit beim Gehen sowie die Koordination von Bewegungsabläufen ein.

Soziale Aspekte

Das gemeinsame Training verhindert Isolation, bietet Austausch mit Gleichgesinnten, gibt Struktur als regelmäßiger Termin und gemeinschaftliches Event der Woche.

Ältere Menschen profitieren also mehrfach von regelmäßigem Training. Neben dem Erhalt von Selbstständigkeit erleben sie Spaß und Erfolgserlebnisse und pflegen soziale Kontakte. All dies trägt zur Vorbeugung altersbedingter Krankheiten bei und zur Verringerung gesundheitlicher Beschwerden.

Denkleistung steigern

Bewegung hilft nicht nur, körperlich fit zu bleiben, sondern hält auch unsere grauen Zellen in Schwung. Geistiges Training vergrößert das neuronale Netzwerk und verbessert somit die Denkleistung. Was liegt also näher, als die beiden wichtigen Wohlfühlprogramme zu einem optimalen ganzheitlichen Fitnessprogramm zu verbinden?

Körperliche und geistige Beweglichkeit können nicht voneinander getrennt betrachtet werden, denn sie ergänzen und unterstützen sich gegenseitig. Im Kleinhirn sind erlernte Bewegungsabläufe gespeichert. Diese hinterlegten Bewegungsmuster helfen uns, ohne weiteres Nachdenken Fahrrad zu fahren oder einen Ball zu werfen. Allerdings benötigen wir weitere Denkleistungen, die von anderen Hirnregionen übernommen werden, damit der Ball auch gezielt ankommt: z.B. Vorstellungsvermögen, Konzentrations- und Reaktionsvermögen, Hand-Augen-Koordination, die Fähigkeit, den nötigen Kraftaufwand, die richtige Richtung und Entfernung einzuschätzen.

Warum können wir bei Bewegung besser denken? Körperliche Aktivität unterstützt die schnelle Verarbeitung und Speicherung von Informationen in unserem Gedächtnis. Aber auch Denkprozesse, die der Erfahrung entspringen, sind in Bewegung besser abrufbar. Zudem fördert Bewegung das Heranwachsen neuer Nervenzellen.

Koordination fördern

Spezielle Bewegungsübungen verbessern die Koordination und damit auch die Zusammenarbeit beider Gehirnhälften. Bewegungsübungen mit der linken Hand führen zur Aktivierung der rechten Gehirnhälfte und umgekehrt. Verschiedene Bewegungsabläufe und das harmonische Zusammenspiel der für die Bewegung notwendigen Muskeln erfordern komplexe (geplante und automatisierte) Denkprozesse.

Daneben werden aber auch noch viele andere Fähigkeiten, die im Alltag unerlässlich sind, trainiert: Gleichgewicht, Reaktion, Orientierung, Differenzierung, Kombination, Rhythmisierung, Umstellung und Antizipation.

Feinmotorik verbessern

Feinmotorische Übungen fordern unser Gehirn besonders. Die vielen Rezeptoren der Hände beispielsweise schicken bei jeder Berührung Impulse an das Gehirn und aktivieren entsprechende Hirnregionen. Insbesondere für die Hände ist jeweils ein großes Hirnareal zuständig.

Konzentration stärken

Konzentrationsfähigkeit ist die Voraussetzung für erfolgreiches Denken und Handeln. Sie kann durch Bewegung gesteigert werden. Für den Wachheitsgrad ist insbesondere der Gleichgewichtssinn verantwortlich. Bewegung fördert die Durchblutung, regt den Stoffwechsel an und beeinflusst die Aktivität der Botenstoffe (Neurotransmitter) im Gehirn. Durch Bewegung werden hormonelle Prozesse unterstützt, die den Abbau von Stress sowie das geistige und körperliche Wohlbefinden fördern.

Denken und bewegen – das macht Spaß

Aufbauend auf diesen wissenschaftlichen Erkenntnissen haben wir für Betreuende und Angehörige dieses Buch zur Förderung und zum Erhalt geistiger und körperlicher Fähigkeiten im Alter zusammengestellt.

Weiterführendes

Dhana K., Franco O.H., Ritz E.M. et al. Healthy lifestyle and life expectancy with and without Alzheimer's dementia: population based cohort study. BMJ 2022, www.bmj.com/content/377/bmj-2021-068390 (23.01.2023).

Mayer, F., Scharhag-Rosenberger, F., Carlsohn, A. et al. Intensität und Effekte von Krafttraining bei Älteren. Deutsches Ärzteblatt 2011, 359–365, www.aerzteblatt.de/archiv/90696/Intensitaet-und-Effekte-von-Krafttraining-bei-Aelteren (23.01.2023).

Turecek, K. Gehirnspaziergang. Schritt für Schritt, geistig fit. Wien 2018.

www.aelter-werden-in-balance.de (23.01.2023)

www.age.mpg.de/de/gesund-alt-werden/fit-bleiben-im-alter (23.01.2023)

www.bundesgesundheitsministerium.de/praevention-aeltere-menschen.html (23.01.2023)

www.ndr.de/ratgeber/gesundheit/Gedaechtnistraining-Wie-Senioren-geistig-fit-bleiben,gehirntraining102.html (23.01.2023).

Eine Bewegungsstunde gestalten

Das Wichtigste ist, dass alle Beteiligten Freude an der Bewegungsstunde und den Übungen haben. Damit dies für alle gelingt, finden Sie hier einige Anmerkungen und Anregungen.

Unterschiedliche Menschen – unterschiedliche Bedürfnisse

Bei heterogenen Gruppen, bei deren Mitgliedern die körperlichen Fertigkeiten und die geistigen Fähigkeiten unterschiedlich ausgeprägt sind, kann es sein, dass sich manche überfordert, manche unterfordert fühlen. Und manch anderer möchte vielleicht gar nicht teilnehmen.

Denken Sie immer daran: Alles kann, nichts muss. Beobachten Sie die Teilnehmenden deshalb gut und überfordern Sie sie nicht. Manchmal entsteht bei den Übungen etwas Neues, etwas Eigenes. Halten Sie sich deshalb nicht streng an das Buch, sondern lassen Sie es zu, dass die Teilnehmenden etwas und sich ausprobieren.

Achten Sie auch auf die Aufmerksamkeitsspanne der Teilnehmenden. Oft ist weniger mehr und niemand soll überfordert werden. Wenn Sie merken, dass die Aufmerksamkeit nachlässt, machen Sie weniger Wiederholungen.

Beenden Sie die Übungen immer mit etwas Positivem. So freuen sich die Teilnehmenden auf die nächste Stunde.

Vorbereitung ist das A und O

Bei den Übungen finden Sie Angaben zum benötigten **Material:** Hier haben wir darauf geachtet, Material zu verwenden, das Sie leicht besorgen können.

Hinweise, ob die Übungen einzeln oder in der Gruppe, sitzend im Stuhlkreis oder am Tisch ausgeführt werden können, helfen Ihnen, die Stunde vorzubereiten. Ebenso die Angaben zur Wiederholungszahl. Auch hier gilt: Beobachten Sie Ihre Gruppe und überfordern Sie nicht.

Auch wenn es im hektischen Alltag nicht immer einfach ist: Bereiten Sie das Material und den Raum für die Teilnehmenden vor. Stellen Sie die Stühle im Stuhlkreis oder am Tisch bereit und legen Sie sich das benötigte Material zurecht. Auf diese Weise können

Sie die ankommenden Seniorinnen und Senioren in Ruhe mit Namen begrüßen und sich gemeinsam auf die Stunde einstimmen.

Stellen oder setzen Sie sich so hin, dass alle Teilnehmenden Sie gut sehen können.

Und los geht's

Stellen Sie die Übung, bevor Sie starten, kurz vor. Vermeiden Sie ausführliche Erläuterungen, denen manche Teilnehmenden vielleicht nicht mehr gut folgen können. Vieles wird sich im Laufe der Übung ergeben.

Einige Übungen sind komplex. Deshalb ist es hilfreich, wenn Sie die Bewegungen mit den Teilnehmenden zusammen ausführen, so dass sie sich an Ihnen orientieren können. Die Varianten der einzelnen Übungen können je nach Möglichkeiten der Teilnehmenden ausgeführt und miteinander kombiniert werden. Probieren Sie verschiedene Schwierigkeitsstufen aus, behalten Sie aber immer im Hinterkopf, dass die Aktivität allen Freude bereiten soll.

Fingerspiele

Fingerübungen fördern die Feinmotorik und lockern Verspannungen in den Händen. Sie sind ebenfalls sehr gut dafür geeignet, die Koordination zu schulen und die Beweglichkeit der Finger möglichst lange zu erhalten. Hand- und Fingerübungen wirken sich zudem positiv auf Kraft, Geschicklichkeit und den Kreislauf aus.

Unser Körper besteht aus ca. 206 Knochen; davon befinden sich 54 Knochen allein in den Händen und Fingern. Sie alle sind mit dem Nervensystem verbunden. So haben feinmotorische Übungen, insbesondere der Finger und Hände, äußerst positive Auswirkungen auf die Denkleistung. Jede Fingerbewegung aktiviert eine große Region motorischer und sensorischer Nervenfasern im Gehirn.

Wie vor jeder Gymnastik sollten Sie auch hier darauf achten, dass die Hände der Seniorinnen und Senioren vor der Fingergymnastik aufgewärmt werden:

- Die Hände zunächst kräftig aneinander reiben.
- Die linke Hand mit der rechten Hand massieren und umgekehrt.
- Jeden Finger zwischen Daumen und Zeigefinger leicht kneten.

Fingertippen

Material: *keins*
Zielgruppe: *Einzelperson oder Gruppe*
Trainingsziele: *Bewegung, Koordination, Wahrnehmung fördern*

* *Die Teilnehmenden sitzen im Stuhlkreis oder am Tisch.*

Basisübung

Lassen Sie die Teilnehmenden mit beiden Händen gleichzeitig jeden Finger gegen den Daumen tippen: Zeigefinger, Mittelfinger, Ringfinger, kleiner Finger. Die Basisübung sollte mehrmals wiederholt werden, bevor eine Variante ausprobiert wird.

Variante 1

Beide Hände tippen gegengleich: Die eine Hand beginnt, mit dem Zeigefinger, gegen den Daumen zu tippen, dann mit dem Mittelfinger usw., während die andere Hand gleichzeitig beginnt, mit dem kleinen Finger gegen den Daumen zu tippen, dann mit dem Ringfinger usw. Variante mehrmals wiederholen.

Variante 2

Eine Hand tippt vom Zeigefinger zum kleinen Finger, die andere Hand tippt um einen Finger versetzt vom Mittelfinger über den kleinen Finger zum Zeigefinger.

Variante 3

Beide Hände tippen wie in der Basisübung vom Zeigefinger bis zum kleinen Finger, wobei eine Hand bei jedem Finger doppelt tippt, die andere verharrt beim zweiten Tippen in der entsprechenden Position. Beim zweiten Durchgang wechseln die Hände die Aufgaben. Variante mehrmals wiederholen.

Fingersatz

Material: *ggf. Tafel/Flipchart*
Zielgruppe: *Einzelperson oder Gruppe*
Trainingsziele: *Bewegung, Koordination, Merkfähigkeit fördern*
Vorbereitung: *Schreiben Sie in Großbuchstaben ein Wort mit 10 Buchstaben an die Tafel oder den Flipchart, z.B. FINGERSATZ.*

* *Die Teilnehmenden sitzen im Stuhlkreis oder am Tisch mit Blick zum Flipchart.*

Basisübung

Den zehn Fingern werden der Reihe nach die Buchstaben des angeschriebenen Wortes zugeordnet, z.B. FINGERSATZ:

linker kleiner Finger	=	**F**
linker Ringfinger	=	**I**
linker Mittelfinger	=	**N**
linker Zeigefinger	=	**G**
linker Daumen	=	**E**
rechter Daumen	=	**R**
rechter Zeigefinger	=	**S**
rechter Mittelfinger	=	**A**
rechter Ringfinger	=	**T**
rechter kleiner Finger	=	**Z**

Die Teilnehmenden legen die Hände auf den Tisch oder auf die Oberschenkel. Nun buchstabieren sie das Wort zunächst vorwärts und heben dabei der Reihe nach die entsprechenden Finger an. Dann versuchen sie, das Wort rückwärts zu buchstabieren, und heben dazu ebenfalls die entsprechenden Finger.

Variante

Es werden am Flipchart Wörter gesammelt und notiert, die sich aus den geschüttelten Buchstaben des Wortes F I N G E R S A T Z bilden lassen. Dann werden diese Wörter der Reihe nach mit den Fingern buchstabiert.

Beispiel:

FREI = linker kleiner Finger, rechter Daumen, linker Daumen, linker Ringfinger

Weitere Wortbeispiele:

ART, TIER, RITZE, STANGE ...

Fingerfitness

Material:	*ggf. Tafel/Flipchart*
Zielgruppe:	*Einzelperson oder Gruppe*
Trainingsziele:	*Bewegung, Koordination, Merkfähigkeit fördern*
Vorbereitung:	*Schreiben Sie ein Wort mit 13 Buchstaben an die Tafel oder den Flipchart, z.B. FINGERFITNESS.*

* *Die Teilnehmenden sitzen im Stuhlkreis mit Blick zum Flipchart.*

Basisübung

Die Buchstabenfolge des angeschriebenen Wortes wird wie folgt mit den Fingern der geübteren Hand gegen den Daumen getippt. Die Buchstaben werden dabei laut mitgesprochen.

1.	Zeigefinger	**F**
2.	Mittelfinger	**I**
3.	Ringfinger	**N**
4.	kleiner Finger	**G**
5.	Ringfinger	**E**
6.	Mittelfinger	**R**
7.	Zeigefinger	**F**
8.	Mittelfinger	**I**
9.	Ringfinger	**T**
10.	kleiner Finger	**N**
11.	Ringfinger	**E**
12.	Mittelfinger	**S**
13.	Zeigefinger	**S**

Beim letzten Buchstaben berührt also der Zeigefinger wieder den Daumen.

Variante 1

Das Wort wird mit den Fingern der ungeübteren Hand getippt.

Variante 2

Das Wort wird mit den Fingern beider Hände gleichzeitig getippt.

Variante 3

Das Wort wird mit den Fingern rückwärts getippt: also S, S, E …

Variante 4

Nennen Sie unterschiedlich lange Wörter. Die Teilnehmenden tippen diese Wörter individuell für sich mit den Fingern wie in der Basisübung und zeigen beim letzten Buchstaben ihre Fingerposition. Diese wird mit der richtigen Position abgeglichen.

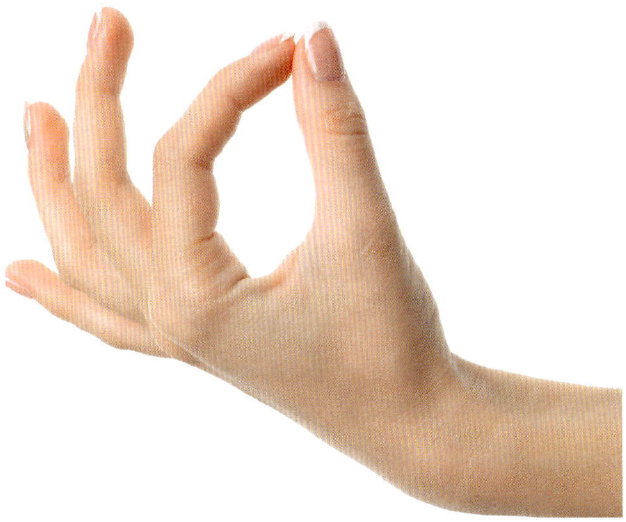

Fingerreise

Material: *ggf. Tafel/Flipchart*
Zielgruppe: *Einzelperson oder Gruppe*
Trainingsziele: *Bewegung, Konzentration, Merkfähigkeit fördern*

* *Die Teilnehmenden sitzen im Stuhlkreis mit Blick zum Flipchart.*

Basisübung

Den Fingern der rechten Hand werden deutsche Städte zugeordnet.

Lassen Sie die Teilnehmenden die Städte gerne selbst wählen. Dabei sollten die Anfangsbuchstaben der Städte mit den Anfangsbuchstaben der Finger übereinstimmen. So kann man sich die Städtenamen besser merken.

Schreiben Sie diese Zuordnung an die Tafel oder den Flipchart und üben Sie sie mit den Teilnehmenden zunächst ein.

Beispiel:

Daumen	**D**ortmund
Zeigefinger	**Z**wickau
Mittelfinger	**M**ünchen
Ringfinger	**R**egensburg
kleiner Finger	**K**öln

Den Fingern der linken Hand werden weibliche Vornamen zugeordnet.

Lassen Sie die Teilnehmenden die Namen wieder gerne selbst wählen. Dabei sollten die Anfangsbuchstaben der Namen mit den Anfangsbuchstaben der Finger übereinstimmen.

Schreiben Sie diese Zuordnung an die Tafel oder den Flipchart und üben Sie sie mit den Teilnehmenden zunächst ein.

Beispiel:

Daumen	**D**oris
Zeigefinger	**Z**illy
Mittelfinger	**M**artha
Ringfinger	**R**uth
kleiner Finger	**K**atja

Nennen Sie nun nacheinander Städte oder Namen, und die Teilnehmenden bewegen jeweils den entsprechenden Finger der richtigen Hand.

Variante 1

Geben Sie verschiedene Anweisungen, „wer in welche Stadt fährt". Die Teilnehmenden führen die entsprechenden Finger zu einer Berührung zusammen.

Beispiel:

„Doris fährt nach München."

Der Daumen der linken Hand berührt den Mittelfinger der rechten Hand

Variante 2

Erzählen Sie eine Geschichte, in der die verschiedenen Städtenamen und/oder Vornamen vorkommen. Wird eines dieser Wörter genannt, heben die Teilnehmenden den entsprechenden Finger an und senken ihn wieder.

Beispiel:

Städtereise

Die Freundinnen Katja, Doris, Zilly, Martha und Ruth planen eine Städtereise durch Deutschland. Sie haben die Städte Regensburg, Zwickau, München, Köln und Dortmund ausgesucht. Starten möchten sie in München, denn dort ist Martha aufgewachsen und kennt sich aus. Katja und Ruth kennen Zwickau und Köln sehr gut und können es kaum erwarten, Doris, Martha und Zilly die Sehenswürdigkeiten in diesen Städten zu zeigen.

Fingerkreisen

Material:	*keins*
Zielgruppe:	*Einzelperson oder Gruppe*
Trainingsziele:	*Bewegung, Koordination, Wahrnehmung fördern*

* *Die Teilnehmenden sitzen im Stuhlkreis oder am Tisch.*

Basisübung

Die Fingerkuppen beider Hände werden aneinandergelegt.

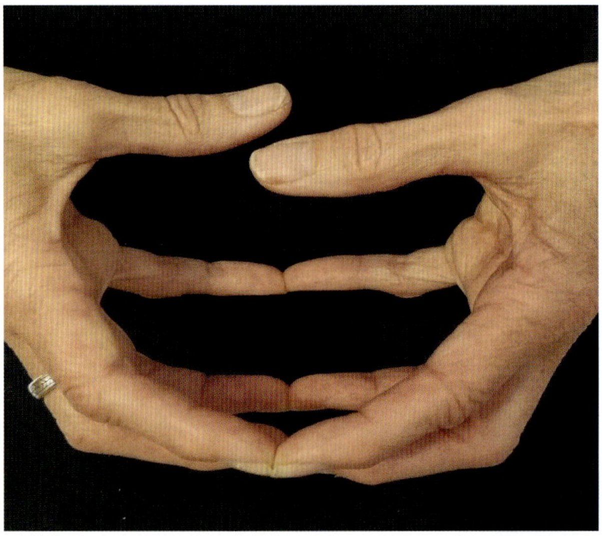

Nun werden die Daumen gelöst und kreisen umeinander, mehrmals in die eine Richtung, dann in die andere Richtung. Danach werden die Daumenkuppen wieder zusammengeführt.

Anschließend kreisen nacheinander mehrmals die beiden Zeigefinger, die Mittelfinger, die Ringfinger und die kleinen Finger umeinander, jeweils in beide Richtungen, vor und zurück.

Achten Sie darauf, dass die Teilnehmenden die übrigen Fingerkuppen aneinandergelegt halten.

Variante 1

Wie die Basisübung, jedoch kreisen jeweils zwei Finger einer Hand um zwei Finger der anderen Hand:

- jeweils Zeigefinger und Mittelfinger
- jeweils Mittelfinger und Ringfinger
- jeweils Ringfinger und kleiner Finger

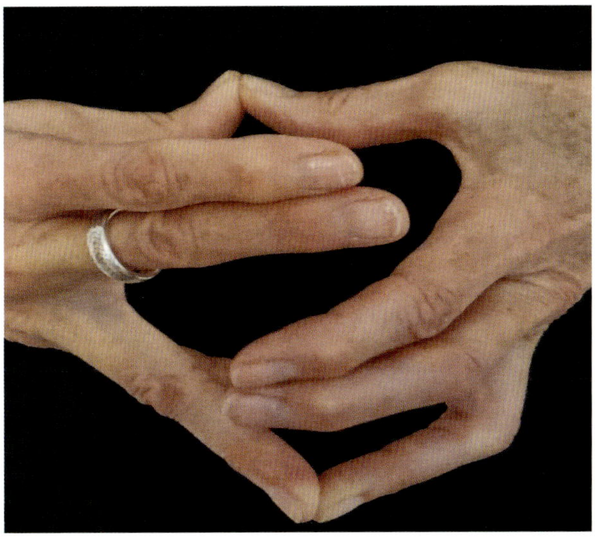

Variante 2

Die Fingerkuppen werden um eins versetzt aneinandergelegt:

- den Daumen der linken Hand an den Zeigefinger der rechten Hand
- den Zeigefinger der linken Hand an den Mittelfinger der rechten Hand
- den Mittelfinger der linken Hand an den Ringfinger der rechten Hand
- den Ringfinger der linken Hand an den kleinen Finger der rechten Hand
- den kleinen Finger der linken Hand an den Daumen der rechten Hand

Jedes Fingerpaar umkreist sich nun in beide Richtungen, wie in der Basisübung beschrieben.

Fingertanz

Material:	*keins*
Zielgruppe:	*Einzelperson oder Gruppe*
Trainingsziele:	*Bewegung, Konzentration, Merkfähigkeit fördern*

* *Die Teilnehmenden sitzen im Stuhlkreis oder am Tisch.*

Basisübung

Die Teilnehmenden legen ihre Hände auf den Tisch oder die Oberschenkel, die Handflächen zeigen nach unten.

Die Finger beider Hände werden von links nach rechts „durchnummeriert“:

linker kleiner Finger	=	**1**
linker Ringfinger	=	**2**
linker Mittelfinger	=	**3**
linker Zeigefinger	=	**4**
linker Daumen	=	**5**
rechter Daumen	=	**6**
rechter Zeigefinger	=	**7**
rechter Mittelfinger	=	**8**
rechter Ringfinger	=	**9**
rechter kleiner Finger	=	**10**

Nennen Sie eine Zahl, und die Teilnehmenden tippen ein paar Mal mit dem entsprechenden Finger auf den Tisch oder den Oberschenkel.

Variante

Nennen Sie zwei verschiedene Zahlen von **1** bis **10**, und die Teilnehmenden drücken die entsprechenden Fingerspitzen gegeneinander.

Beispiel:

Sie nennen die Zahlen **5** und **9**: Der Daumen der linken Hand und der Ringfinger der rechten Hand berühren sich.

Fingerkreuzen

Material: *keins*
Zielgruppe: *Einzelperson oder Gruppe*
Trainingsziele: *Bewegung, Koordination, Wahrnehmung fördern*

* *Die Teilnehmenden sitzen im Stuhlkreis oder am Tisch.*

Basisübung

Die Handflächen und die gespreizten Finger beider Hände werden aneinandergelegt. Jeweils zwei aneinander liegende Finger werden im Wechsel nach vorne und nach hinten gekreuzt:

- beide Daumen
- beide Zeigefinger
- beide Mittelfinger
- beide Ringfinger
- beide kleinen Finger

Alle anderen Finger werden dabei ruhig gehalten.

Variante 1

Zwei oder drei benachbarte Fingerpaare kreuzen sich gleichzeitig, z.B.

- beide Daumen und beide Zeigefinger
- beide Mittelfinger, beide Ringfinger und beide kleinen Finger

Variante 2

Zwei nicht benachbarte Fingerpaare kreuzen sich gleichzeitig, z.B. Daumen und Mittelfinger. Hier ist besonders darauf zu achten, dass die anderen Fingerpaare sich nicht mitbewegen.

Fingerkapriolen

Material:	*keins*
Zielgruppe:	*Einzelperson oder Gruppe*
Trainingsziele:	*Bewegung, Koordination, Konzentration fördern*

* *Die Teilnehmenden sitzen im Stuhlkreis oder am Tisch.*

Basisübung

Beide Hände führen folgende drei Bewegungen nacheinander durch:

1. Faust machen und dabei den Daumen in der Faust verstecken
2. Faust machen und dabei den Daumen nach oben strecken
3. Faust machen, dabei den Daumen nach oben strecken und den Zeigefinger nach vorne ausstrecken

Alle Bewegungen werden zunächst mehrmals beidhändig hintereinander durchgeführt. Dabei ist zu beachten, dass der Daumen bei der ersten Position in der geschlossenen Faust gehalten wird.

Variante I

Beide Hände führen folgende drei Bewegungen nacheinander durch:

1. Faust machen und dabei den Daumen in der Faust verstecken
2. Faust machen und dabei den Daumen nach oben strecken
3. Faust machen, dabei den Daumen in der Faust verstecken und den Zeigefinger nach vorne ausstrecken

Der Bewegungsablauf wird mehrfach wiederholt.

Variante 2

Die beiden Hände führen folgende gegengleiche Bewegungen durch:

1. rechte Hand: Faust → Daumen hoch
   linke Hand: Faust → Daumen innen + Zeigefinger vor
2. umgekehrte Position:
   rechte Hand: Faust → Daumen innen + Zeigefinger vor
   linke Hand: Faust → Daumen hoch

Der Bewegungsablauf wird ebenfalls mehrfach wiederholt.

Fingerdruck

Material: *pro Person 2 Wein- oder Sektkorken*
Zielgruppe: *Einzelperson oder Gruppe*
Trainingsziele: *Bewegung, Koordination, Wahrnehmung fördern*

* *Die Teilnehmenden sitzen im Stuhlkreis oder am Tisch.*

Basisübung

Jede Person bekommt einen Korken. Er wird hochkant zwischen Daumen und Zeigefinger gehalten. Der Korken „wandert" nun zum nächsten Finger, indem der Zeigefinger zur Seite rückt und dem Mittelfinger Platz macht, der den Korken nun mit dem Daumen zusammen festhält.

So geht es weiter:
Daumen/Ringfinger, Daumen/kleiner Finger und wieder zurück bis Daumen/Zeigefinger.

Die andere Hand kann bei Bedarf ein wenig helfen, damit der Korken nicht hinunterfällt.

Variante 1

Jede Person bekommt einen weiteren Korken. Die Übung verläuft wie die Basisübung, aber beide Hände probieren es nun gleichzeitig.

Variante 2

Ein Korken wird in den Fingerzwischenräumen gehalten und weitergegeben. Dazu wird der Korken zunächst in den Fingerzwischenraum Daumen/Zeigefinger der rechten Hand genommen und an den Fingerzwischenraum Daumen/Zeigefinger der linken Hand weitergegeben.

Nun an den Fingerzwischenraum Zeigefinger/Mittelfinger der rechten Hand weitergeben.

So geht es abwechselnd weiter bis zum Fingerzwischenraum Ringfinger/kleiner Finger der linken Hand.

Variante 3

Wie Variante 2, aber beim Handwechsel wird die Hand immer gedreht (Handrücken oben, Handinnenfläche oben, Handrücken oben, Handinnenfläche oben ...).

Fingerspitzengefühl

Material: *pro Person 2 Weinkorken*
Zielgruppe: *Einzelperson oder Gruppe*
Trainingsziele: *Bewegung, Koordination, Konzentration fördern*

* *Die Teilnehmenden sitzen am Tisch.*

Basisübung

Jede Person legt zwei Korken vor sich auf den Tisch. Mit den Handflächen werden die beiden Korken nun auf dem Tisch vor- und zurückgerollt. Die Teilnehmenden versuchen, die Korken bis zu den Fingerspitzen zu rollen. Die Bewegung verläuft mit beiden Händen parallel.

Variante 1

Wie die Basisübung, aber die Hände bewegen sich in entgegengesetzter Richtung.

Variante 2

Beide Korken werden quer zum Körper hin- und hergerollt.

Variante 3

Ein Korken wird vor- und zurückgerollt, der andere Korken wird quer zum Körper hin- und hergerollt. Danach werden die Bewegungen mit der jeweils anderen Hand ausgeführt.

Variante 4

Beide Hände liegen ausgestreckt auf dem Tisch. Nun werden die Korken vor- und zurückgerollt. Die Arme werden dabei nicht angewinkelt, sondern bleiben gestreckt. Der Oberkörper bewegt sich mit der Rollbewegung sanft vor und zurück. Dabei ist darauf zu achten, dass die Teilnehmenden möglichst auf dem vorderen Bereich der Sitzfläche aufrecht sitzen und dass die Füße parallel im rechten Winkel oder in Schrittstellung stehen.

Diese Übung dient auch der Selbstwahrnehmung. Lenken Sie die Aufmerksamkeit darauf, dass hier der gesamte Körper in Bewegung ist: Die Ober- und Unterarmmuskeln werden aktiviert, der Rücken wird gestreckt, dabei wird die Wirbelsäule bewegt, die Bauchmuskulatur wird angespannt, das Becken wird beweglich gehalten und die Ober- und Unterschenkel sowie die Fußmuskulatur werden aktiviert.

Koordinationsübungen

Koordination spielt eine große Rolle für unsere Lebensqualität. Bis ins hohe Alter kann man von gezieltem Training profitieren. Eine entscheidende Rolle spielt die Koordination in den Bereichen Gleichgewicht, Kraft und Schnelligkeit.

Für alltägliche Aufgaben und Tätigkeiten wie Anziehen, Aufstehen und Hinsetzen, Treppen steigen und viele andere Aktivitäten benötigt man eine gute Koordinationsfähigkeit. Leider nimmt diese im Alter ab, sodass Tätigkeiten, die früher als einfach empfunden wurden, wie das zügige Überqueren einer Straße, zum Problem werden und es dadurch zu erheblichen Einschränkungen im täglichen Leben kommt. Ursachen sind u.a. Veränderungen und Abbau der Muskulatur, Schwächung der Sinnesorgane, Einschränkung in der Beweglichkeit durch Veränderungen in den Gelenken, Veränderungen im Stoffwechsel und im neuronalen Bereich sowie mangelnde Aktivität.

Die genannten Ursachen sind normale und natürliche Erscheinungen des Älterwerdens und nicht grundsätzlich aufzuhalten, jedoch können durch regelmäßiges Training die vorhandenen Koordinationsfähigkeiten möglichst lange erhalten werden.

Taktvoll

Material:	*keins*
Zielgruppe:	*Einzelperson oder Gruppe*
Trainingsziele:	*Bewegung, Koordination, Konzentration fördern*

* *Die Teilnehmenden sitzen im Stuhlkreis oder am Tisch.*

Basisübung

Zählen Sie langsam und laut einen 3er-Rhythmus vor, zu dem die Teilnehmenden in die Hände klatschen:

1, 2, 3 – 1, 2, 3 – 1, 2, 3 – ...

Variante 1

Bei **1** in die Hände klatschen.

Bei **2** in die Hände klatschen.

Bei **3** beide Hände nach oben strecken.

Die Teilnehmenden wiederholen die Bewegungsabfolge mehrfach.

Variante 2

Bei **1** in die Hände klatschen.

Bei **2** in die Hände klatschen.

Bei **3** mit der linken Hand auf den Oberschenkel/Tisch klatschen, gleichzeitig die rechte Hand nach oben strecken.

Die Teilnehmenden wiederholen die Bewegungsabfolge mehrfach.

Variante 3

Bei **1** in die Hände klatschen.

Bei **2** in die Hände klatschen.

Bei **3** mit der rechten Hand auf den Oberschenkel/Tisch klatschen, gleichzeitig die linke Hand nach oben strecken.

Die Teilnehmenden wiederholen die Bewegungsabfolge mehrfach.

Sie können die Bewegungsabfolge auch zusammen mit den Teilnehmenden klatschen.

Zahlenspiegel

Material: *keins*
Zielgruppe: *Einzelperson oder Gruppe*
Trainingsziele: *Bewegung, Koordination, Konzentration fördern*

* *Die Teilnehmenden sitzen im Stuhlkreis oder am Tisch. Setzen Sie sich vor sie, damit alle Ihre Bewegungen gut sehen können.*

Basisübung

Nennen Sie nacheinander die Zahlen von **0** bis **9** und malen Sie sie gemeinsam mit den Teilnehmenden in die Luft. Beachten Sie, dass Sie sie spiegelbildlich malen müssen.

Die geübte Hand malt dabei die Zahlen „normal", und die ungeübte Hand malt sie gleichzeitig spiegelbildlich mit.

Variante 1

Die Teilnehmenden malen die Zahlen von **0** bis **9** mit beiden Händen in die Luft.

Die geübte Hand malt die Zahlen spiegelbildlich, die ungeübte Hand malt sie „normal".

Variante 2

Die Teilnehmenden malen mit beiden Händen eine symmetrische Figur in die Luft, z.B. ein Dreieck, einen Schmetterling, einen Stern, einen Baum usw.

Rhythmus im Blut

Material: *keins*
Zielgruppe: *Einzelperson oder Gruppe*
Trainingsziele: *Bewegung, Koordination, Konzentration fördern*

* *Die Teilnehmenden sitzen im Stuhlkreis oder am Tisch. Setzen Sie sich vor sie, damit alle Ihre Bewegungen gut sehen können.*

Basisübung

Machen Sie folgenden Rhythmus vor, den die Teilnehmenden gemeinsam wiederholen.

- 2-mal auf die Oberschenkel klatschen.
- Die Arme kreuzen und 2-mal mit den Händen auf die Oberschenkel klatschen.
- 2-mal mit den Händen an die Schultern klopfen.
- Die Arme kreuzen und 2-mal mit den Händen an die Schultern klopfen.

Bewegungsabfolge mehrfach wiederholen.

Variante

1. Durchgang:

- 2-mal auf die Oberschenkel klatschen.
- Die Arme kreuzen (dabei liegt der rechte Arm oben) und 2-mal mit den Händen auf die Oberschenkel klatschen.
- 2-mal mit den Händen an die Schultern klopfen.
- Die Arme kreuzen (dabei liegt der rechte Arm oben) und 2-mal mit den Händen an die Schultern klopfen.

2. Durchgang:

- 2-mal auf die Oberschenkel klatschen.
- Die Arme kreuzen (dabei liegt der linke Arm oben) und 2-mal mit den Händen auf die Oberschenkel klatschen.
- 2-mal mit den Händen an die Schultern klopfen.
- Die Arme kreuzen (dabei liegt der linke Arm oben) und 2-mal mit den Händen an die Schultern klopfen.

Klatschimpuls

Material: *keins*
Zielgruppe: *Gruppe*
Trainingsziele: *Bewegung, Wahrnehmung, Konzentration fördern*

* *Die Teilnehmenden sitzen im Stuhlkreis.*

Basisübung

Alle klatschen nacheinander im Uhrzeigersinn einmal in die Hände. Dieser Rhythmus wird für mehrere Runden durchgeführt.

Danach mehrere Runden entgegen dem Uhrzeigersinn klatschen.

Variante 1

Die Laufrichtung des Klatschimpulses kann sich nach Belieben der Teilnehmenden immer wieder ändern:

1-mal klatschen bedeutet: Der Impuls geht zur nächsten Person weiter.

2-mal klatschen bedeutet: Der Impuls wechselt die Richtung.

Nach einem Richtungswechsel wird wieder nacheinander einmal geklatscht – so lange, bis eine andere Person durch zweimaliges Klatschen die Richtung erneut ändert.

Variante 2

Wie Variante 1, aber alle klatschen nacheinander auf ihre Oberschenkel statt in die Hände:

Geht der Klatschrhythmus nach rechts, wird erst auf den linken, dann auf den rechten Oberschenkel geklatscht.

Geht der Klatschimpuls nach links, wird erst auf den rechten, dann auf den linken Oberschenkel geklatscht.

Möchte eine Person die Richtung ändern, klatscht sie 2-mal in die Hände statt auf die Oberschenkel.

Körperspirale

Material: *keins*
Zielgruppe: *Einzelperson oder Gruppe*
Trainingsziele: *Bewegung, Koordination, logisches Denken fördern*

* *Die Teilnehmenden sitzen im Stuhlkreis.*

Basisübung

Üben Sie mit den Teilnehmenden folgende Bewegungsabfolgen ein:

- in die Hände klatschen
- linke Hand berührt den rechten Handrücken
- in die Hände klatschen
- rechte Hand berührt den linken Handrücken

Wiederholen.

- in die Hände klatschen
- linke Hand berührt den rechten Ellenbogen
- in die Hände klatschen
- rechte Hand berührt den linken Ellenbogen

Wiederholen.

- in die Hände klatschen
- linke Hand berührt die rechte Schulter
- in die Hände klatschen
- rechte Hand berührt die linke Schulter

Wiederholen.

Die nächsten Stationen sind nach dem gleichen Prinzip:

Hüfte

Oberschenkel

Knie

Variante 1

Während die Teilnehmenden den Bewegungsablauf von den Handrücken bis zu den Knien durchführen, nennen Sie bei jeder Berührung eines Körperteils eine Zahl der 3er-Reihe des Einmaleins. Die Teilnehmenden sprechen die Zahlen mit.

Beispiel:

rechter Handrücken	=	**3**
linker Handrücken	=	**6**
rechter Ellenbogen	=	**9**
usw.		

Variante 2

Sie können auch andere Einmaleins-Reihen vorgeben, etwa **4**er-Reihe, **5**er-Reihe …

Verzögerungstaktik

Material: *keins*
Zielgruppe: *Einzelperson oder Gruppe*
Trainingsziele: *Bewegung, Koordination, Konzentration fördern*

* *Die Teilnehmenden sitzen im Halbkreis vor Ihnen.*

Basisübung

Malen Sie zusammen mit den Teilnehmenden verschiedene Muster in die Luft. Beachten Sie, dass Sie sie spiegelbildlich malen müssen.

Malen Sie beispielsweise mit beiden Händen gleichzeitig zwei Rechtecke in die Luft.

Starten Sie zunächst mit beiden Händen von außen nach innen „schreibend" (siehe **Grafik 1**). Beim nächsten Mal starten Sie von der Mitte nach außen beginnend (siehe **Grafik 2**).

Machen Sie dazu für die Teilnehmenden mehrfach in beliebiger Reihenfolge die Ansagen und führen Sie alle gemeinsam die dazugehörigen Bewegungen aus, bis sich diese eingeprägt haben.

1. **2.**

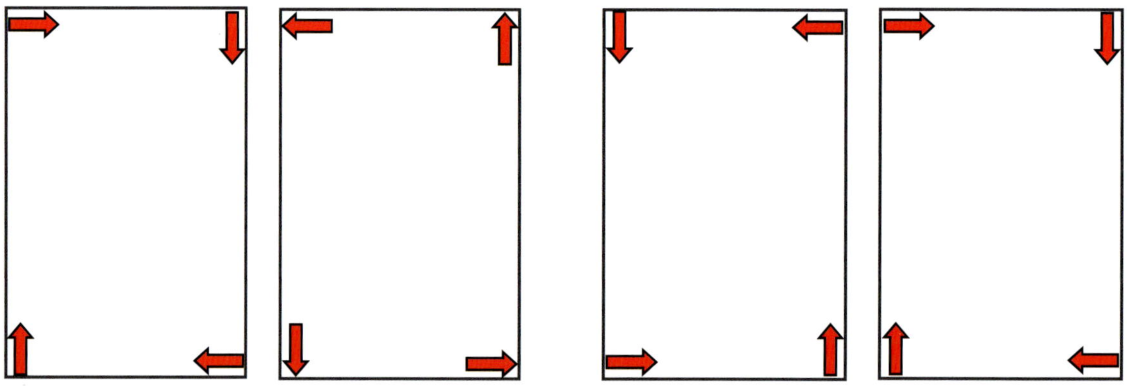

Variante 1

Die Teilnehmenden malen die Rechtecke in die Luft, die linke Hand beginnt aber einen Strich früher als die rechte.

Variante 2

Die Teilnehmenden malen die Rechtecke in die Luft, die rechte Hand beginnt aber einen Strich früher.

Variante 3

Die Teilnehmenden malen die Rechtecke gleichzeitig mit der linken Hand in die Luft und dem rechten Fuß auf den Boden. Nach einigen Wiederholungen folgt der Wechsel zur rechten Hand und dem linken Fuß.

Positionswechsel

Material: *keins*
Zielgruppe: *Einzelperson oder Gruppe*
Trainingsziele: *Bewegung, Koordination, Konzentration fördern*

* *Die Teilnehmenden sitzen im Stuhlkreis.*

Bei dieser Übung werden beide Arme mal parallel, mal diagonal bewegt.

Basisübung

Leiten Sie die Teilnehmenden langsam durch folgenden Bewegungsablauf:

- Beide Arme liegen am Körper an, die Hände zur Faust geschlossen.
- Beide Arme nach vorne ausstrecken, die Faust öffnen, Handflächen zeigen nach unten.
- Beide Arme an den Körper heranziehen, die Hände wieder zur Faust schließen.
- Beide Arme nach vorne ausstrecken, die Faust öffnen, Handflächen zeigen nach oben.

Diese Bewegungsabfolge mehrfach mit Ansage wiederholen.

Variante I

Gleicher Bewegungsablauf mit Wechsel der Handstellung:

- Beide Arme liegen am Körper an, die Handflächen zeigen nach unten.
- Beide Arme nach vorne ausstrecken und Hände zur Faust machen.
- Beide Arme an den Körper heranziehen, die Handflächen zeigen nach oben.
- Beide Arme nach vorne ausstrecken und die Hände zur Faust machen.

Diese Bewegungsabfolge mehrfach mit Ansage wiederholen.

Variante 2

Diagonaler Bewegungsablauf:

- Rechten Arm nach vorne ausstrecken, die Handfläche zeigt nach unten.
- Gleichzeitig linken Arm an den Körper heranziehen, die Hand zur Faust schließen.
- Linken Arm nach vorne ausstrecken, die Handfläche zeigt nach unten.
- Gleichzeitig rechten Arm an den Körper heranziehen, die Hand zur Faust schließen.

Diese Bewegungsabfolge mehrfach mit Ansage wiederholen.

Variante 3

Diagonaler Bewegungsablauf:

- Rechten Arm nach vorne ausstrecken, die Handfläche zeigt nach oben.
- Gleichzeitig linken Arm an den Körper heranziehen, die Hand zur Faust schließen.
- Linken Arm nach vorne ausstrecken, die Handfläche zeigt nach oben.
- Gleichzeitig rechten Arm an den Körper heranziehen, die Hand zur Faust schließen.

Diese Bewegungsabfolge mehrfach mit Ansage wiederholen.

Buchstaben in Form

Material: *ggf. Buchstabenkarten von A bis Z*
Zielgruppe: *Einzelperson oder Gruppe*
Trainingsziele: *Bewegung, Konzentration, Merkfähigkeit fördern*
Vorbereitung: *Zur Hilfestellung können Sie Karten mit Buchstaben des Alphabets in die Mitte legen.*

* *Die Teilnehmenden sitzen im Stuhlkreis oder am Tisch.*

Basisübung

Die Teilnehmenden sprechen gemeinsam laut das Alphabet.

Enthält die Schreibweise des großen Druckbuchstabens gerade Linien (wie **A, E** ...), heben sie den rechten Arm.

Enthält die Schreibweise des großen Druckbuchstabens runde Formen (wie **C, O** und **S**), heben sie den linken Arm.

Bei Großbuchstaben, die aus Linien plus Rundungen (wie **B, D** ...) bestehen, heben sie beide Arme hoch.

Buchstaben mit Linien sind: **A, E, F, H, I, K, L, M, N, T, V, W, X, Y, Z**

Buchstaben mit runden Formen sind: **C, O, S, U**

Buchstaben mit Linien und runden Formen sind: **B, D, G, J, P, Q, R**

Variante 1

Die Teilnehmenden sprechen das Alphabet gemeinsam rückwärts und machen dazu die passenden Armbewegungen.

Variante 2

Nennen Sie kurze Wörter. Die Teilnehmenden buchstabieren jedes Wort laut und führen gleichzeitig die entsprechenden Bewegungen durch.

Variante 3

Eine Person nennt ihren Namen. Alle buchstabieren ihn laut und führen gleichzeitig die entsprechenden Bewegungen durch.

Bewegtes Abc

Material: *Flipchart bzw. großer Bogen Papier oder Fotokarton*
Zielgruppe: *Einzelperson oder Gruppe*
Trainingsziele: *Bewegung, Koordination, Konzentration fördern*
Vorbereitung: *Malen Sie in großen Druckbuchstaben das Abc auf den Flipchart oder einen Bogen Papier oder Fotokarton. Schreiben Sie unter jeden Buchstaben in einer anderen Farbe einen weiteren Buchstaben, der als Kennzeichen für eine Bewegungsaufgabe dient (vgl. Abb.).*

* *Die Teilnehmenden sitzen im Stuhlkreis oder am Tisch mit ca. 2 Armlängen Abstand zueinander mit Blick zum Flipchart.*

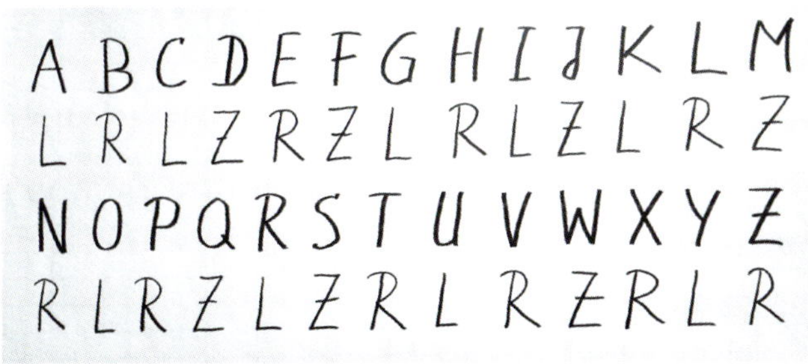

Basisübung

Die Teilnehmenden sprechen gemeinsam das Alphabet und führen dabei die in der zweiten Buchstabenreihe vorgegebenen Bewegungen durch:

L = linken Arm nach links strecken

R = rechten Arm nach rechts strecken

Z = zusammen = beide Arme nach vorne strecken

Variante 1

Die Teilnehmenden lesen das Alphabet rückwärts und führen die Bewegungen dazu durch.

Variante 2

Nennen Sie verschiedene Wörter, z.B. **BLUMEN, GESANG, BEWEGUNG**. Die Teilnehmenden buchstabieren die Wörter laut und führen dabei die entsprechenden Bewegungen durch.

Ich halt mich fit

Material:	*keins*
Zielgruppe:	*Einzelperson oder Gruppe*
Trainingsziele:	*Bewegung, Koordination, Konzentration fördern*

* *Die Teilnehmenden sitzen im Stuhlkreis oder am Tisch. Setzen Sie sich vor sie, damit alle Ihre Bewegungen gut sehen können.*

Basisübung

Die Teilnehmenden sprechen gemeinsam mit Ihnen mehrmals hintereinander den nachfolgenden Spruch und machen zu den Silben die beschriebenen Bewegungen:

Bewegung hält
uns alle fit,
drum mache ich
heute gerne mit.

Be-	=	Hände auf die Oberschenkel legen
we-	=	Hände in die Hüften stemmen
gung	=	Hände auf die Schultern legen
hält	=	Arme nach oben strecken

uns	=	Hände auf die Oberschenkel legen
al-	=	Hände in die Hüften stemmen
le	=	Hände auf die Schultern legen
fit	=	Arme nach oben strecken
drum	=	Hände auf die Oberschenkel legen
ma-	=	Hände in die Hüften stemmen
che	=	Hände auf die Schultern legen
ich	=	Arme nach oben strecken
heute	=	Hände auf die Oberschenkel legen
ger-	=	Hände in die Hüften stemmen
ne	=	Hände auf die Schultern legen
mit	=	Arme nach oben strecken

Variante

Die Bewegungen der Basisübung werden mit einem weiteren Spruch verknüpft:

Ich halt mich fit,
mir geht es gut,
komm, mach doch mit,
nur etwas Mut!

Die beiden Sprüche finden Sie als Kopiervorlagen auf S. 126.

Bewegungsspiele

Zum Spielen ist man nie zu alt. Denk- und Bewegungsspiele bringen Abwechslung in den Seniorenalltag und lassen sich einfach in den Tagesablauf integrieren. Sie sind Training für Körper und Geist, stärken Herz und Kreislauf, fördern soziale Verhaltensweisen, schaffen Kontakte und stärken das Selbstvertrauen und Selbstwertgefühl. Das sind viele positive Aspekte, die Grund genug sind, in der Seniorenarbeit Bewegungsspiele zum festen Bestandteil des Programms zu machen.

Wer rastet, der rostet – diese alte Weisheit steht mehr denn je für die große Bedeutung von Bewegung, auch und gerade im Alter. Denn Bewegung fördert wichtige Körperfunktionen wie Durchblutung, Aufbau von Muskelkraft sowie koordinative Fähigkeiten.

Auch für Menschen mit Demenz zählt jede Bewegungseinheit. Selbst einfache Bewegungsmuster wie das Weiterreichen von Spielmaterial, Würfeln, Kartenziehen erfordern komplexe Bewegungs- und Handlungsabläufe, Feinmotorik und Koordination. Optimal ist es, Bewegung und Denken miteinander zu verbinden. Der Verlauf des spielerischen Bewegens ist dabei immer wichtiger als das Ergebnis. Freude und Spaß am gemeinsamen Tun stehen im Vordergrund.

Kopftraining

Material: *Tafel oder Flipchart*
Kreide oder Stifte in verschiedenen Farben
Zielgruppe: *Einzelperson oder Gruppe*
Trainingsziele: *Bewegung, Koordination, Merkfähigkeit fördern*
Vorbereitung: *Schreiben Sie den folgenden Vierzeiler an die Tafel (bzw. auf den Flipchart). Der Spruch steht auch auf S. 127 als Kopiervorlage zur Verfügung.*

Beim Training mach
ich gerne mit.
Es hält den Kopf
und Körper fit.

* *Die Teilnehmenden sitzen im Stuhlkreis oder am Tisch mit Blick zum Flipchart.*

Basisübung

Diese Übung kann als Einstiegsritual am Anfang jeder Trainingseinheit stehen.

Die Teilnehmenden lesen gemeinsam den Vierzeiler und versuchen, ihn sich zu merken.

Anschließend sprechen sie laut den Vierzeiler und führen gleichzeitig im Silbentakt die nachfolgenden Bewegungen durch. Machen Sie die Bewegungen vor.

1. Silbe: Auf die Schenkel klatschen.

2. Silbe: In die Hände klatschen.

3. Silbe: Die Arme kreuzen und mit den Händen die Schultern berühren.

4. Silbe: Die Arme nach oben strecken.

usw.

Variante 1

Der Vierzeiler wird wie oben beschrieben gesprochen, aber mit umgekehrter Bewegungsabfolge:

1. Silbe: Die Arme nach oben strecken.

2. Silbe: Die Arme kreuzen und mit den Händen die Schultern berühren.

3. Silbe: In die Hände klatschen.

4. Silbe: Auf die Schenkel klatschen.

usw.

Variante 2

Der folgende Vers steht ebenfalls als Kopiervorlage zur Verfügung (S. 128) oder kann an Flipchart oder Tafel geschrieben werden.

Sprechen Sie den Vers vor. Wird ein Teil des Kopfes genannt, berühren Sie die entsprechenden Stellen mit beiden Händen. Die Teilnehmenden versuchen, mitzusprechen, und machen die Bewegungen nach.

Manchmal versagt mir dieses HIRN,	=	Hände an den Hinterkopf legen
dann fass ich grübelnd an die STIRN.	=	Hände an die Stirn legen
Doch mach ich Training für den KOPF,	=	Hände seitlich an den Kopf legen
pack ich das Übel an dem SCHOPF.	=	Hände wie beim Haarewaschen kneten

Rhythmustraining

Material:	*ggf. Tafel oder Flipchart* *Kreide oder Stifte in verschiedenen Farben*
Zielgruppe:	*Einzelperson oder Gruppe*
Trainingsziele:	*Bewegung, Koordination, Konzentration fördern*
Vorbereitung:	*Schreiben Sie den untenstehenden Vers auf Tafel oder Flipchart. Der Vers steht wahlweise auch als Kopiervorlage zur Verfügung (S. 129).*

* *Die Teilnehmenden sitzen im Halbkreis mit Blick zum Flipchart.*

Basisübung

Sprechen Sie laut und deutlich den folgenden Text und führen Sie dazu die verschiedenen Bewegungen aus.

Lasst uns denken und bewegen,
ums Gedächtnis anzuregen.

Lasst	**uns**	2-mal auf die Oberschenkel klatschen
den-	**ken**	Die Arme kreuzen und 2-mal mit den Händen auf die Schultern tippen
und	**be-**	2-mal die Arme nach oben strecken
we-	**gen**	2-mal in die Hände klatschen
ums	**Ge-**	2-mal auf die Oberschenkel klatschen
dächt-	**nis**	Die Arme kreuzen und 2-mal mit den Händen auf die Schultern tippen
an-	**zu-**	2-mal die Arme nach oben strecken
re-	**gen**	2-mal in die Hände klatschen

Bei der anschließenden Wiederholung sprechen die Teilnehmenden laut mit und machen auch die Bewegungen zu dem Vers mit. Führen Sie gemeinsam mehrere Wiederholungen durch, bis sich Vers und Bewegungsablauf eingeprägt haben.

Wortstand

Material:	*Buchstabenkarten von A bis Z*
Zielgruppe:	*Gruppe*
Trainingsziele:	*Bewegung, Konzentration, Wortfindung fördern*

* *Die Teilnehmenden sitzen am Tisch.*

Basisübung

Die Teilnehmenden erhalten reihum Buchstabenkarten und legen sie sichtbar vor sich. Je nach Personenzahl erhalten sie wahrscheinlich mehrere Buchstaben. Geben Sie ein beliebiges, am Anfang nicht zu langes Wort vor. Die Teilnehmenden „buchstabieren" das Wort, indem sie in der Reihenfolge der Buchstaben die entsprechenden Buchstabenkarten hochheben und den Buchstaben nennen.

Wenn die Teilnehmenden fit genug sind, können Sie bei der Nennung ihres Buchstabens auch aufstehen.
Als Hilfestellung können Sie das Wort auch auf eine Tafel schreiben.

Nummernappell

Material:	*Tafel oder Flipchart* *Kreide oder Stifte*
Zielgruppe:	*Einzelperson oder Gruppe*
Trainingsziele:	*Bewegung, Konzentration, Merkfähigkeit fördern*
Vorbereitung:	*Schreiben Sie an Tafel oder Flipchart untereinander die Zahlen von **1** bis **13** und ordnen Sie diesen Zahlen – wie auf der Liste unten sichtbar – die Bezeichnung verschiedener Körperteile zu. (Diese Liste kann alternativ auch auf einen großen Bogen Papier geschrieben werden.)*

* *Die Teilnehmenden sitzen im Stuhlkreis oder am Tisch.*

Basisübung

Verschiedenen Körperteilen werden die Nummern **1** bis **13** zugeordnet. Bei der Nennung einer Zahl soll der entsprechende Körperteil berührt werden.

Üben Sie zunächst die Zuordnung der Nummern **1** bis **6**. Nennen Sie eine Nummer und die Teilnehmenden berühren den entsprechenden Körperteil.

Üben Sie dann die Zuordnung der Nummern **7** bis **13**. Danach können Sie die gesamte Zahlenliste gemischt üben.

Nennen Sie in den ersten Runden die zugeordneten Körperteile immer laut mit, damit auch die Teilnehmenden motiviert sind mitzumachen, die sich die Zuordnung nicht so gut merken können.

1 = linke Hand
2 = linker Ellenbogen
3 = linke Schulter
4 = rechte Schulter
5 = rechter Ellenbogen
6 = rechte Hand
7 = rechte Hüfte
8 = rechter Oberschenkel
9 = rechtes Knie
10 = linkes Knie
11 = linker Oberschenkel
12 = linke Hüfte
13 = Kopf

Variante 1

Nennen Sie zweistellige Zahlen und die Teilnehmenden berühren nacheinander die beiden Körperteile, die den zwei Ziffern entsprechen.

Beispiel:

37 = linke Schulter, rechte Hüfte

95 = rechtes Knie, rechter Ellenbogen

Variante 2

Stellen Sie Rechenaufgaben. Die Teilnehmenden nennen das Ergebnis und den entsprechenden Körperteil.

Beispiel:

3 + 5 = 8 = rechter Oberschenkel

Sportwettkampf

Material: *keins*
Zielgruppe: *Gruppe*
Trainingsziele: *Bewegung, Konzentration, Merkfähigkeit fördern*

* *Die Teilnehmenden sitzen im Stuhlkreis.*

Basisübung

Je nach Personenzahl werden die Mitglieder in drei Gruppen aufgeteilt. Jede Gruppe erhält den Namen einer Sportart:

Gruppe 1 = Fußball

Gruppe 2 = Handball

Gruppe 3 = Tennis

Nennen Sie eine Gruppennummer. Die genannte Gruppe führt dann die folgenden typischen Bewegungen der zugehörigen Sportart durch:

Fußball = nacheinander linkes und rechtes Bein nach oben strecken („schießen")

Handball = nacheinander linken Arm und rechten Arm nach oben strecken („werfen")

Tennis = Oberkörper nach links und rechts schwingen, beide Arme mitnehmen („Vorhand, Rückhand")

Variante I

Den Sportarten werden typische Spielstätten zugeordnet. Nennen Sie eine Spielstätte, und die entsprechende Gruppe führt die Bewegung zur passenden Sportart aus.

Stadion = Gruppe Fußball = „schießen"

Sporthalle = Gruppe Handball = „werfen"

Sandplatz = Gruppe Tennis = „Vorhand, Rückhand"

Variante 2

Ergänzen Sie weitere Sportarten. Die Teilnehmenden werden nun nicht mehr in Gruppen aufgeteilt, sondern alle machen die zugeordnete Bewegung.

Schwimmen	=	Schwimmbad	=	Arme vorstrecken und nach hinten schwingen
Tanzen	=	Parkett	=	linken und rechten Fuß zur Seite bewegen
Hula-Hoop	=	Schulhof	=	Kreisbewegungen mit der Hüfte nach rechts / nach links

Ich und du

Material: *keins*
Zielgruppe: *Gruppe*
Trainingsziele: *Bewegung, Koordination, Kennenlernen fördern*

* *Die Teilnehmenden sitzen im Stuhlkreis.*

Basisübung

Üben Sie gemeinsam mit den Teilnehmenden folgende Bewegungsabfolge ein:

1 = mit dem rechten Fuß stampfen
2 = mit dem linken Fuß stampfen
3 = auf die Oberschenkel klatschen
4 = auf die Oberschenkel klatschen
5 = in die Hände klatschen
6 = in die Hände klatschen
7 = mit der linken Hand den anderen zuwinken
8 = mit der rechten Hand den anderen zuwinken

(Die Nummern werden nicht mitgesprochen.)

Variante 1

Alle Teilnehmenden führen die Bewegungsabfolge wie in der Basisübung gemeinsam durch. Nennen Sie in jeder Runde bei **7** den Namen einer anwesenden Person.

Die angesprochene Person sagt dann bei **8**: „ich!", und winkt mit beiden Händen.

Variante 2

Alle Teilnehmenden führen die Bewegungsabfolge gemeinsam durch. Nennen Sie in der ersten Runde bei **7** den Namen einer Person. Die angesprochene Person ruft: „ich!", winkt mit beiden Händen und nennt in der nächsten Runde bei **7** den Namen einer anderen Person, die den Ablauf fortsetzt …

Bewegte Namen

Material: *keins*
Zielgruppe: *Gruppe*
Trainingsziele: *Bewegung, Merkfähigkeit, Kennenlernen fördern*

* *Die Teilnehmenden sitzen im Stuhlkreis.*

Basisübung

Die erste Person aus der Gruppe nennt den eigenen Nachnamen und macht zu den einzelnen Silben beliebige Bewegungen.

Beispiele:

(Frau) Schäfer:	SCHÄ- rechte Hand heben	FER linke Hand heben	
(Herr) Steinwieser:	STEIN- Fuß stampfen rechts,	WIE- links,	SER rechts

Alle führen diese Bewegungen anschließend gemeinsam aus und sprechen dazu den Namen der Person. Die nächste Person stellt sich ebenfalls mit einer Bewegung vor und die Gruppe wiederholt nun beide Namen mit den dazugehörigen Bewegungen. Diese Abfolge wird so lange durchgeführt, bis alle Personen sich vorgestellt haben.

Variante 1

Die gesamte Gruppe nennt die Namen in umgekehrter Reihenfolge und führt dazu die entsprechenden Bewegungen aus.

Variante 2

Nennen Sie den Namen einer Person und die gesamte Gruppe führt die entsprechende Bewegungskombination durch.

Variante 3

Führen Sie eine Bewegungskombination durch und die gesamte Gruppe nennt den dazugehörigen Namen.

Nimm und gib

Material: *pro Person 1 Walnuss (oder Stein, Kastanie, Korken, Säckchen, kleiner Ball)*
Zielgruppe: *Gruppe*
Trainingsziele: *Bewegung, Koordination, Konzentration fördern*

* *Die Teilnehmenden sitzen im Stuhlkreis oder am Tisch.*

Basisübung

Die Teilnehmenden sitzen im Kreis. Alle halten eine Walnuss in einer Hand, die nun in einem bestimmten Rhythmus von einer Person zur nächsten weitergegeben wird.

Weitergabe im Uhrzeigersinn:

1. Alle halten die Walnuss in der linken Hand.
2. Geben Sie den Hinweis „NIMM“: Alle legen ihre Walnuss in ihre rechte Hand.
3. Geben Sie den Hinweis „GIB“: Alle legen ihre Walnuss in die linke Hand ihres rechten Nachbarn und erhalten von ihrem linken Nachbarn eine Nuss in die linke Hand.

Diesen Wechsel mehrfach wiederholen.

Weitergabe gegen den Uhrzeigersinn:

1. Alle halten die Walnuss in der rechten Hand.
2. Geben Sie den Hinweis „NIMM“: Alle legen ihre Walnuss in ihre linke Hand.
3. Geben Sie den Hinweis „GIB“: Alle legen ihre Walnuss in die rechte Hand ihres linken Nachbarn und erhalten von ihrem rechten Nachbarn eine Nuss in die rechte Hand.

Diesen Wechsel mehrfach wiederholen.

Variante

Die Teilnehmenden sitzen um einen Tisch herum.

Weitergabe im Uhrzeigersinn:

1. Alle haben ihre Walnuss vor sich auf dem Tisch liegen.
2. Geben Sie den Hinweis „NIMM“: Alle nehmen ihre Walnuss mit der linken Hand auf und legen sie ein Stück nach rechts ab.
3. Geben Sie den Hinweis „GIB“: Alle nehmen die Walnuss mit der rechten Hand auf und legen sie dem rechten Nachbarn hin. Gleichzeitig erhalten sie von dem linken Nachbarn ebenfalls eine Nuss.

Diesen Wechsel mehrfach wiederholen.

Weitergabe gegen den Uhrzeigersinn:

1. Alle haben ihre Walnuss vor sich auf dem Tisch liegen.
2. Geben Sie den Hinweis „NIMM“: Alle nehmen ihre Walnuss mit der rechten Hand auf und legen sie ein Stück nach links.
3. Geben Sie den Hinweis „GIB“: Alle nehmen ihre Walnuss mit der linken Hand auf und legen sie dem linken Nachbarn hin. Gleichzeitig erhalten von dem rechten Nachbarn ebenfalls eine Nuss.

Diesen Wechsel mehrfach wiederholen.

Fantasiegeschenk

Material: *keins*
Zielgruppe: *Gruppe*
Trainingsziele: *Bewegung, Fantasie, Wortfindung fördern*

* *Die Teilnehmenden sitzen im Stuhlkreis oder am Tisch.*

Basisübung

Benennen Sie einen imaginären Gegenstand, der nun von einer Person zur nächsten weitergegeben wird. Stellen Sie das Geschenk pantomimisch bezüglich Form, Größe, Gewicht dar und reichen Sie es an die oder den Nächsten weiter. Der nimmt es entsprechend an und reicht es auf die gleiche Weise ebenfalls weiter.

Beispiel:

Geben Sie pantomimisch einen großen, runden Gegenstand an den Sitznachbarn weiter. Deuten Sie dabei an, wie schwer dieser ist. Die Beschreibung kann auch gerne laut gesprochen werden.

Der Sitznachbar nimmt diesen Gegenstand entsprechend der Beschreibung an und reicht ihn ebenso weiter.

Variante

Geben Sie pantomimisch einen Gegenstand in beliebiger Form an den Sitznachbarn weiter. Der nimmt ihn entsprechend an. Nun kann er den Gegenstand nach seiner Fantasie „verwandeln":

Beispiele:

- in einen leichten, länglichen Gegenstand
- in einen Gegenstand, den man sehr gut festhalten muss, weil er immer nach oben will (wie ein Luftballon)
- in einen sehr schweren Gegenstand, den man vielleicht mit dem Fuß zur nächsten Person schiebt
- in einen federleichten Gegenstand, der zur nächsten Person gepustet wird

Entsprechend wird der verwandelte Gegenstand weitergegeben.

Wahlweise können Sie als Übungsleitung die „Verwandlungsideen" für jede Person ansagen.

Wenn es meins wäre

Material:	*1 Kästchen oder 1 Karton* *Süßigkeiten (Bitte klären Sie vorher ab, ob alle Teilnehmenden Süßigkeiten essen dürfen.)*
Zielgruppe:	*Gruppe*
Trainingsziele:	*Bewegung, Fantasie, Wortfindung fördern*

* *Die Teilnehmenden sitzen im Stuhlkreis oder am Tisch.*

Basisübung

Ein Kästchen wird in jeder Runde reihum weitergegeben (mal links herum, mal rechts herum), kombiniert mit verschiedenen Denkaufgaben.

Runde 1:
Die Teilnehmenden nennen der Reihe nach eine Idee, was das Kästchen enthalten könnte.

(Ball, Hammer, Heft, Ring, Eintrittskarte ...)

Runde 2:
Die Teilnehmenden sagen der Reihe nach, wozu man den Gegenstand, der in dem Kästchen vermutet wird, braucht.

(Zum Reparieren, zum Essen, zum Verzieren, zum Aufhängen ...)

Runde 3:
Die Teilnehmenden nennen der Reihe nach eine Person, der sie das Kästchen schenken möchten.

(Der Schwester, dem Pfarrer, der Enkelin, dem Bürgermeister ...)

Runde 4:
Die Teilnehmenden sagen der Reihe nach, wo die zu beschenkende Person anzutreffen ist.

(In München, in der Parallelstraße, im Wald, im 10. Stock ...)

Runde 5:
Die Teilnehmenden nennen eine Idee, wie das Kästchen zu seinem neuen Besitzer kommt.

(Hintragen, per Post, per Aufzug, per Fahrradkurier ...)

Wenn Sie in das Kästchen für alle ein Bonbon oder ein Schokotäfelchen legen und nach der letzten Runde verteilen, freut sich Ihre Gruppe bestimmt.

Stadt, Tier, Pflanze

Material:	*3 verschiedenfarbige Körbe (rot, blau, grün), pro Person 3 Wurfgegenstände (Flaschendeckel, Korken, Bälle) Buchstabenkarten von A bis Z*
Zielgruppe:	*Gruppe*
Trainingsziele:	*Bewegung, Wahrnehmung, Konzentration fördern*

* *Die Teilnehmenden sitzen im Stuhlkreis.*

Die drei verschiedenfarbigen Körbe werden in die Mitte des Stuhlkreises gestellt. Die gemischten Buchstabenkarten können Sie ebenfalls in die Mitte legen (mit der beschrifteten Seite nach unten).

Basisübung

Jede Person erhält je 3 Wurfgegenstände.

Jedem Korb wird eine Begriffskategorie zugeordnet.

roter Korb	=	**Stadt**
blauer Korb	=	**Tier**
grüner Korb	=	**Pflanze**

Starten Sie mit der „Stadt-Runde“:

Sagen Sie an: „Stadt“. Reihum versuchen die Teilnehmenden, einen Wurfgegenstand in den roten Korb zu werfen.

- Gelingt das, gibt es dafür 10 Punkte.
- Gelingt ein Wurf in einen andersfarbigen Korb, werden 5 Punkte vergeben.
- Gelingt kein Treffer, muss eine Buchstabenkarte gezogen und eine Stadt mit dem passenden Anfangsbuchstaben genannt werden.

Variante

Nennen Sie im Wechsel eine Stadt, ein Tier oder eine Pflanze. Wer an der Reihe ist, versucht, in das Körbchen mit der richtigen Farbe zu werfen. Die Punkteverteilung erfolgt wie bei der Basisübung.

Assoziationstuch

Material: 1 großes Tuch mit aufgemalten Kategorien (s.u.); für den Boden empfiehlt sich ein Tuch der Größe 120 x 120 cm, für den Tisch 80 x 80 cm
1 Wurfsäckchen
Zielgruppe: Einzelperson oder Gruppe
Trainingsziele: Bewegung, Wahrnehmung, assoziatives Denken fördern
Vorbereitung: Malen Sie auf ein großes Tuch ein Raster und tragen Sie in die Felder Namen oder Symbole für verschiedene Kategorien ein.

* *Die Teilnehmenden sitzen im Stuhlkreis oder am Tisch.*

Vorschläge für mögliche Symbole:

Kreis = etwas Rundes suchen
Viereck = etwas Eckiges suchen
Smiley = etwas Schönes benennen
Fragezeichen = eine Orientierungs- oder Quizfrage stellen
Note = Instrument, Sänger oder Lied benennen
Männchen = eine Bewegung vormachen, die alle nachmachen

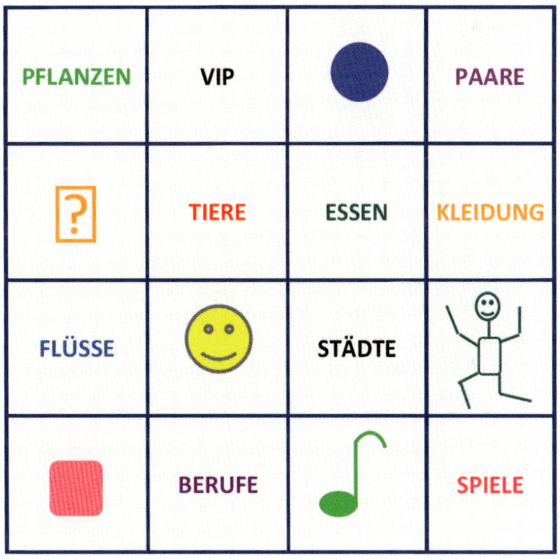

Basisübung

Die Teilnehmenden werfen reihum das Säckchen. Sie suchen einen Begriff zu der Kategorie, auf der das Säckchen landet.

Variante

Die Teilnehmenden suchen zu den geworfenen Kategorien Begriffe von A bis Z.

Beispiel:

Person 1 wirft auf das Feld „Beruf" und sucht einen Beruf mit A, etwa „Arzt".

Person 2 wirft auf das Feld mit der Note und sucht ein Lied mit B, etwa „Bunt sind schon die Wälder" …

Hüpftuch

Material:	*1 großes Tuch*
	1 Luftballon
Zielgruppe:	*Gruppe*
Trainingsziele:	*Bewegung, Wahrnehmung, Reaktion fördern*

* *Die Teilnehmenden stehen im Kreis.*

Basisübung

Alle stehen im Kreis und halten gemeinsam mit beiden Händen ein großes Tuch fest, sodass es gespannt ist.

Legen Sie einen aufgeblasenen Luftballon auf das Tuch.

Nun wird das Tuch von allen gemeinsam langsam nach oben und unten bewegt, sodass der Luftballon zum Hüpfen gebracht wird. Ziel ist es, dass er so lange wie möglich auf dem Tuch bleibt und nicht herunterfällt.

Variante

Es werden 2 bis 3 Gegenstände auf das Tuch gelegt. Das Tuch wird wieder von allen gemeinsam nach oben und unten bewegt. Die verschiedenen Gegenstände hüpfen auf unterschiedliche Weise und es ist schwieriger, sie unter Kontrolle zu halten.

Besonders mit leichten Plüschtieren sieht es sehr lustig aus, und die Teilnehmenden haben viel Spaß dabei.

Richtungswechsel

Material: *Flipchart oder Plakat mit farbigen Pfeilen*
Zielgruppe: *Einzelperson oder Gruppe*
Trainingsziele: *Bewegung, Koordination, Reaktion fördern*
Vorbereitung: *Malen Sie auf einen Flipchart oder einen Plakatkarton 4 verschiedenfarbige Pfeile (s.u.).*

* *Die Teilnehmenden sitzen im Stuhlkreis oder am Tisch mit Blick zum Plakat.*

Basisübung

Nennen Sie eine der Pfeil-Farben und die Teilnehmenden bewegen die Arme in die Richtung, in die der entsprechende Pfeil auf dem Plakat zeigt.

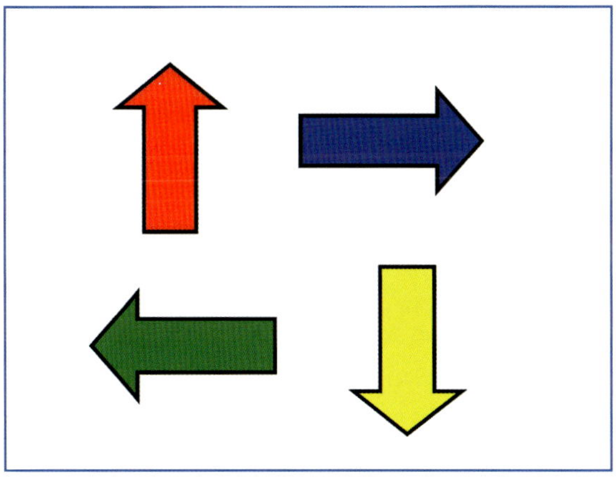

Variante I

Wieder wird eine der Pfeil-Farben genannt. Die Teilnehmenden bewegen die Arme in die dem Pfeil entgegensetzte Richtung.

Variante 2

Eine Pfeil-Farbe wird genannt. Die Teilnehmenden bewegen die Arme in die entsprechende Richtung und benennen gleichzeitig die Richtung mit Worten („rechts“, „links“, „oben“, unten“).

Bewegtes Kofferpacken

Material: *keins*
Zielgruppe: *Gruppe*
Trainingsziele: *Bewegung, Konzentration, Merkfähigkeit*

* *Die Teilnehmenden sitzen im Stuhlkreis oder am Tisch.*

Basisübung

Erzählen Sie den Teilnehmenden, dass sie gemeinsam eine Reise machen wollen und dazu den Koffer packen.

Während das traditionelle Kofferpackspiel die meisten älteren Menschen in Bezug auf ihre Merkfähigkeit überfordert, können bei dieser Variante alle gut mitmachen.

Um Stress zu vermeiden, wird das Spiel in ein Bewegungsspiel umgewandelt.

Alle Teilnehmenden nennen nacheinander einen Gegenstand, den sie mit in den Urlaub nehmen möchten und deshalb in den Koffer packen.

Um die Merkfähigkeit zu unterstützen, wird zu jedem genannten Begriff eine passende Bewegung gemacht.

Von einer Person zur nächsten werden die bereits genannten Begriffe mit den dazugehörigen Bewegungen wiederholt, bevor ein neuer angefügt wird.

Beispiel:

Person 1 nimmt ein „Handtuch" mit und reibt sich pantomimisch trocken.

Alle wiederholen nun den genannten Begriff und machen die gezeigte Bewegung.

Person 2 nimmt einen „Hut" mit und setzt ihn sich pantomimisch auf den Kopf.

Alle wiederholen nun die bisher genannten Begriffe mit den Bewegungen:

„Handtuch" mit Bewegung, „Hut" mit Bewegung.

Person 3 nimmt „Sandalen" mit und zieht sie sich pantomimisch an.

Alle wiederholen nun die bisher genannten Begriffe mit den passenden Bewegungen: „Handtuch" mit Bewegung, „Hut" mit Bewegung, „Sandalen" mit Bewegung ...

Variante

Im Urlaubsort angekommen, muss der Koffer wieder ausgepackt werden.

Daher werden nun gemeinsam alle Begriffe in rückwärtiger Reihenfolge genannt und gleichzeitig die passenden Bewegungen dazu durchgeführt.

Sie können die Teilnehmenden unterstützen, indem sie z.B. einen Gegenstand vorgeben und die Teilnehmenden die Bewegung ausführen lassen.

Buchstaben- und Zahlenspiele

Buchstaben- und Zahlenspiele machen den Seniorinnen und Senioren viel Spaß in geselliger Runde und fordern Körper und Geist auf unterhaltsame Weise.

Getreu dem Sprichwort „Wer rastet, der rostet", ist es wichtig, alle kognitiven Fähigkeiten zu aktivieren bzw. zu reaktivieren. Und „Sich regen bringt Segen" weist darauf hin, wie wichtig Bewegung ist. Körperliche Aktivitäten halten u.a. den Kreislauf in Schwung und sorgen für die Durchblutung des Gehirns.

Viele Übungen, wie konzentriertes Rechnen oder das Suchen nach lange nicht mehr abgerufenen Wörtern, stärken die synaptischen Verknüpfungen und somit das gesamte neuronale Netzwerk. Verloren geglaubte Fähigkeiten werden aktiviert und das Selbstwertgefühl wird gesteigert.

Spiele ermöglichen, die Atmosphäre zu lockern, erleichtern die Kontaktaufnahme und zeigen, dass körperliche Betätigung großen Einfluss auf die geistige Leistungsfähigkeit hat. Bewegungsspiele bringen das Leben der Seniorinnen und Senioren buchstäblich in Bewegung. Außerdem wird im Spiel Neues gelernt und die sprachliche Kompetenz gefördert.

Abc-Assoziation

Material: *Buchstabenkarten von A bis Z (ggf. mehrfach kopiert)*
Farbkarten in den Farben Blau, Gelb, Rot, Grün, Schwarz
1 kleiner Ball
Zielgruppe: *Gruppe*
Trainingsziele: *Bewegung, assoziatives Denken, Merkfähigkeit fördern*
Vorbereitung: *Bereiten Sie Buchstabenkarten vor und verteilen Sie sie aufgedeckt auf dem Tisch. Die Reihenfolge ist beliebig.*

* *Die Teilnehmenden sitzen am Tisch.*

Basisübung

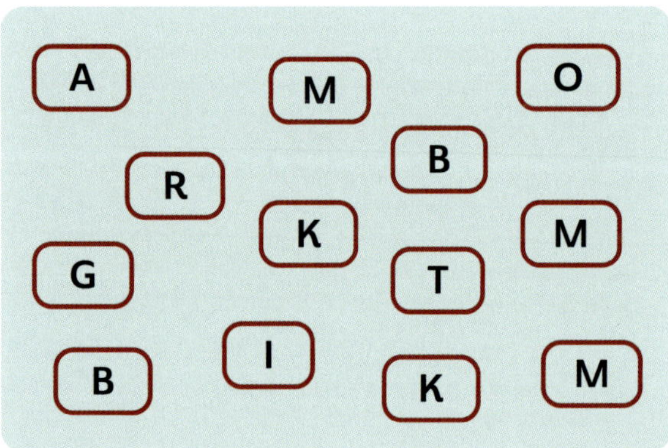

Legen Sie eine Kategorie fest, z.B. „Namen".

Die Teilnehmenden rollen der Reihe nach den Ball über den Tisch. Welchen Buchstaben berührt der Ball zuerst? Wer den Ball gerollt hat, nennt einen Namen mit diesem Anfangsbuchstaben.

Variante I

Die Buchstabenkarten liegen gemischt und aufgedeckt auf dem Tisch. Geben Sie ein Wort vor. Die Teilnehmenden sammeln der Reihe nach alle Buchstaben ein, mit denen das Wort buchstabiert wird.

Beispiel:

Sie nennen das Wort „Kindergarten".

Person 1 sucht den Buchstaben **K** und legt ihn vor sich hin.

Person 2 sucht den Buchstaben **I** und legt ihn vor sich hin.

usw.

Denken Sie daran, dass bei Wörtern, in denen Buchstaben doppelt vorkommen, das Buchstabenkärtchen ebenfalls doppelt auf dem Tisch liegen muss. Sie brauchen in diesem Fall also mehr als einen Set Buchstabenkarten.

Variante 2

Wie Variante 1, aber die Buchstabenkarten mit den Vokalen werden durch Farbkarten ersetzt. Als kleine Merkhilfe können Sie etwas abseits die entsprechenden Buchstaben auf die Farbkarten legen, so dass die Teilnehmenden spicken können.

blaue Karte	steht für **A**
gelbe Karte	steht für **E**
rote Karte	steht für **I**
grüne Karte	steht für **O**
schwarze Karte	steht für **U**

Beispiel:

Nennen Sie das Wort „Vogelkunde“.

Person 1 sucht den Buchstaben V und legt ihn vor sich hin.

Person 2 sucht die grüne Karte und legt sie vor sich hin.

Person 3 sucht den Buchstaben G und legt ihn vor sich hin

usw.

Denken Sie auch hier daran, dass bei Wörtern, in denen Vokale doppelt vorkommen, das passende Farbkärtchen ebenfalls doppelt auf dem Tisch liegen muss.

Variante 3

Eine Person nimmt ein Buchstabenkärtchen. Die nächste Person sucht ein zweites Buchstabenkärtchen aus und bildet mit diesen beiden „Anfangsbuchstaben“ einen zusammengesetzten Begriff.

Beispiel:

Person 1 nimmt den Buchstaben G und legt ihn vor sich hin.

Person 2 nimmt den Buchstaben Z und nennt einen zusammengesetzten Begriff: „Garten-Zwerg“.

Buchstabenrunde

Material:	*Buchstabenkarten von A bis Z*
	1 kleiner Ball
Zielgruppe:	*Gruppe*
Trainingsziele:	*Bewegung, Fantasie, Wortfindung fördern*

* *Die Teilnehmenden sitzen am Tisch.*

Basisübung

Die Buchstabenkarten liegen gemischt und verdeckt auf einem Stapel auf dem Tisch. Alle ziehen der Reihe nach eine Buchstabenkarte und legen sie so vor sich auf den Tisch, dass der Buchstabe „auf dem Kopf steht".

Sie beginnen. Rollen Sie den Ball zu einer Person und nennen Sie einen Gegenstand, der sich im Raum befindet und mit dem Buchstaben auf dem Kärtchen dieser Person beginnt.

Beispiel:

Sie rollen den Ball zu einer Person, die ein Kärtchen mit dem Buchstaben **B** vor sich liegen hat. Sie sagen: „Bild", weil sich im Raum ein Bild befindet.

Diese Person rollt nun den Ball zu einer anderen Person mit dem Buchstabenkärtchen **K** und sagt: „Korb", weil im Raum ein Korb steht.

Die Person mit dem Buchstabenkärtchen K rollt den Ball nun zu einer anderen Person mit dem Buchstabenkärtchen **O** und sagt: „Ohrringe", weil jemand im Raum Ohrringe trägt, usw.

Variante I

Geben Sie nun für die Wörtersuche Kategorien vor, z.B. Stadt, Tier, Pflanze, Kleidungsstücke, Getränke …

Die Buchstaben C, H, I, J, Q, U, V, X Y sollte man nicht verteilen. Es ist schwierig, dazu Wörter zu finden.

Variante 2

Gesucht werden Wörter, die mit dem eigenen Buchstaben beginnen und mit dem Buchstaben auf dem Kärtchen der anderen Person enden, zu der der Ball gerollt wird.

Beispiel:

Jemand mit dem Buchstabenkärtchen **R** rollt den Ball zu einer Person mit dem Buchstabenkärtchen **N** und sagt: „Regen".

Variante 3

Gesucht werden Begriffe, in denen ein Buchstabe doppelt vorkommt. Wer an der Reihe ist, rollt den Ball zu einer Person seiner Wahl. Er nennt ein Wort, in dem der Buchstabe auf dem Kärtchen dieser Person doppelt vorkommt.

Beispiel:

Jemand rollt den Ball zu einer Person mit dem Buchstabenkärtchen **N** und sagt: „Sonne".

Diese Person rollt den Ball zu jemandem mit dem Buchstabenkärtchen **S** und sagt: „Kissen".

Merk's dir

Material:	*Wortkarten mit Eigenschaftswörtern, am besten Gegensatzpaare (Kopiervorlagen S. 130-132)* *1 kleiner Ball*
Zielgruppe:	*Gruppe*
Trainingsziele:	*Bewegung, Fantasie, Wortfindung fördern*
Vorbereitung:	*Kopieren Sie die folgenden Wortkarten in den Kopiervorlagen mit einem Farbkopierer und schneiden Sie sie aus.*

* *Die Teilnehmenden sitzen am Tisch.*

klein teuer neu hoch hell

dünn rund weich schwer

stumpf eng fern

groß dick billig weit dunkel

alt hart nah leicht

spitz tief eckig

Basisübung

Die Karten werden gemischt und aufgedeckt auf dem Tisch verteilt. Die Teilnehmenden rollen reihum einen Ball über den Tisch. Das erste Eigenschaftswort, über das der Ball rollt, zählt. Wer an der Reihe ist, sucht hierzu einen passenden Begriff. Anschließend wird die Karte umgedreht.

Beispiel:

Der Ball rollt als Erstes über das Kärtchen mit dem Wort „weich“. Die Person assoziiert dazu z.B. „Ei“.

Variante 1

Nach der Basisübung (Karten sind bei dieser Variante noch umgedreht) rollen die Teilnehmenden den Ball wieder über den Tisch. Die erste Karte, über die der Ball rollt, wird aufgedeckt. Die Teilnehmenden überlegen gemeinsam, welcher Begriff zu diesem Eigenschaftswort zuvor genannt wurde.

Variante 2

Alle Wortkärtchen sind aufgedeckt. Die Teilnehmenden rollen den Ball reihum jeweils über ein Eigenschaftswort. Der Sitznachbar sucht dazu das Kärtchen mit dem Gegensatzwort, z.B.

zu „groß“ → „klein“

zu „leicht“ → „schwer“

usw.

Variante 3

Die Wortkärtchen sind aufgedeckt. Die Teilnehmenden rollen den Ball reihum über ein Eigenschaftswort. Nun überlegen alle, welches zweite Eigenschaftswort dazu passen würde, um mit beiden einen Gegenstand zu beschreiben

Beispiel:

Eine Person rollt den Ball über das Wort „leicht“. Jemand aus der Runde ordnet ein zweites Eigenschaftswort zu, etwa: „rund“. Anschließend nennt er seinen assoziierten Begriff, auf den beide Eigenschaften passen: „Beere“.

Farbenlauf

Material:	*rutschfeste Teppichfliesen oder rutschfeste Badvorleger in 5 verschiedenen Farben (mehrfach sortiert)*
Zielgruppe:	*Gruppe*
Trainingsziele:	*Bewegung, Konzentration, Merkfähigkeit fördern*
Vorbereitung:	*Die bunten Fliesen werden mit etwas Abstand zueinander auf dem Boden verteilt.*

* *Die Teilnehmenden stehen und gehen im Raum.
Stellen Sie auch Stühle zur Verfügung, damit die Teilnehmenden bei Wartezeiten gegebenenfalls Platz nehmen können.*

Basisübung

Die Teilnehmenden stehen verteilt im Raum. Nennen Sie eine Farbe, und die Teilnehmenden laufen alle Fliesen mit dieser Farbe in beliebiger Reihenfolge ab und bleiben an der letzten Fliese stehen.

Damit kein „Gerangel" beim gleichzeitigen Ablaufen der Fliesen entsteht, können Sie die Teilnehmenden auch nacheinander die Fließen ablaufen lassen.

Variante 1

Nennen Sie 2, 3 oder mehr Farben. Die Teilnehmenden laufen diese Farbfolge an beliebigen Fliesen ab und bleiben an der letzten Fliese stehen. So kann überprüft werden, ob die richtige Farbe als letzte abgelaufen wurde.

Variante 2

Nennen Sie 2, 3 oder mehr Farben. Die Teilnehmenden laufen diese Farbfolge in rückwärtiger Reihenfolge ab und bleiben an der letzten Fliese stehen. So kann überprüft werden, ob die richtige Farbe als letzte abgelaufen wurde.

Bewegte Vokale

Material: *keins*
Zielgruppe: *Gruppe*
Trainingsziele: *Bewegung, Konzentration, Merkfähigkeit fördern*

* *Die Teilnehmenden sitzen im Stuhlkreis. Setzen Sie sich so, dass alle Ihre Bewegungen gut sehen können.*

Den Vokalen **A, E, I, O** und **U** werden verschiedene Bewegungen zugeordnet.

A = diagonal den einen Arm nach oben, den anderen nach unten strecken

E = beide Ellbogen in Brusthöhe nach hinten ziehen

I = beide Arme nach oben strecken

O = Füße zusammen und Knie nach außen bewegen

U = Füße überkreuzen

Erleichtern Sie den Teilnehmenden die Übung, indem Sie die Bewegungen vor oder mitmachen.

Basisübung

Führen Sie die Zuordnung für alle Vokale zunächst einmal oder mehrmals vor. Die Teilnehmenden machen die Bewegungen mit.

Nennen Sie dann im Wechsel verschiedene Vokale. Die Teilnehmenden führen gemeinsam die dazu richtigen Bewegungen durch.

Variante 1

Nennen Sie verschiedene Wörter. Jedes Wort wird gemeinsam laut buchstabiert, wobei nur für jeden Vokal die passende Bewegung gemacht wird.

Beispiel:

Kamel = „**K**"; diagonal den einen Arm nach oben, den anderen nach unten strecken; „**M**"; Ellbogen in Brusthöhe nach hinten ziehen; „**L**"

Variante 2

Denken Sie sich ein Wort aus und buchstabieren Sie das Wort. Führen Sie bei den Vokalen aber nur die entsprechenden Bewegungen aus, ohne den Vokal zu nennen. Die Teilnehmenden erraten das mögliche Wort.

Rechenwürfel

Material:	*3 verschiedenfarbige große Zahlenwürfel (rot, gelb, grün)*
Zielgruppe:	*Einzelperson oder Gruppe*
Trainingsziele:	*Bewegung, Konzentration, logisches Denken fördern*

* *Die Teilnehmenden sitzen am Tisch.*

Basisübung

Die Teilnehmenden würfeln der Reihe nach mit allen drei Zahlenwürfeln. Geben Sie nach jedem Wurf zu den Würfelaugen eine Rechenaufgabe vor. Diese kann im Schwierigkeitsgrad angepasst werden.

Beispiel:

Eine Person würfelt: **roter Würfel** = **5**
gelber Würfel = **3**
grüner Würfel = **6**

Sie stellen die Rechenaufgabe: „**Rot** plus **Gelb** minus **Grün**."
Das Ergebnis ist **2**.

Variante

Wie die Basisübung, es wird jedoch mit den nicht sichtbaren Zahlen der Unterseite gerechnet.

Beispiel:

Eine Person würfelt: **roter Würfel** = **5** → **Unterseite** = **2**
gelber Würfel = **3** → **Unterseite** = **4**
grüner Würfel = **6** → **Unterseite** = **1**

Sie stellen die Rechenaufgabe: „**Rot** plus **Gelb** minus **Grün**."
Das Ergebnis ist **5**.

Die Zahlen der Ober- und Unterseite eines Würfels ergeben addiert immer die Zahl 7.

Assoziationswürfel

Material: *2 große Zahlenwürfel*
Zielgruppe: *Einzelperson oder Gruppe*
Trainingsziele: *Bewegung, Konzentration, Merkfähigkeit fördern*

* *Die Teilnehmenden sitzen am Tisch.*

Basisübung

Die Teilnehmenden werfen reihum jeweils beide Würfel. Sie zählen die Würfelaugen zusammen und benennen den der Zahl entsprechenden Monat. Sie suchen zu diesem Monat eine passende Assoziation und nennen sie laut.

Beispiel:

Eine Person würfelt die Zahlen **5** und **4**. Sie nennt die Zahl **9** als Ergebnis und den **9**. Monat: „September". Zu diesem Monat assoziiert sie beispielsweise: „Apfelernte".

Variante I

Die Teilnehmenden würfeln der Reihe nach. Sie zählen die Augen beider Würfel zusammen und benennen das Ergebnis. Sie suchen zu dieser Zahl eine passende Assoziation und nennen diese laut.

Beispiel:

Eine Person würfelt die Zahlen **5** und **4**. Sie nennt die Zahl **9** als Ergebnis und assoziiert beispielsweise: „alle Neune".

Körper in Aktion

Material: *Motivkarten (Kopiervorlagen S. 133)*
Zielgruppe: *Gruppe*
Trainingsziele: *Bewegung, Konzentration, Merkfähigkeit fördern*

* *Die Teilnehmenden sitzen im Stuhlkreis oder am Tisch.*

Basisübung

Halten Sie im Wechsel verschiedene Motivkarten hoch und machen Sie die dazugehörigen Bewegungen vor. Die Teilnehmenden machen mit und merken sich die Bewegungen.

Kopf	nicken	**Hand**	winken
Schulter	nach hinten kreisen	**Ellen-bogen**	seitlich in Brusthöhe anheben
Bauch	reiben	**Knie**	Hände auf die Knie
Fuß	Fersen anheben		

Zeigen Sie dann nacheinander verschiedene Motivkarten. Die Teilnehmenden führen zu jeder Karte gemeinsam die richtige Bewegung aus.

Variante

Die Teilnehmenden stehen oder sitzen im Kreis. Machen Sie gemeinsam die Basisübung, aber führen Sie zu folgenden Motivkarten geänderte Bewegungen ein:

Ellenbogen	beide seitlich in Brusthöhe anheben und Ellenbogen der linken und rechten Nachbarn berühren
Knie	Arme kreuzen und die Hände auf die Knie legen

Von eins bis tausend

Material:	*2 bis 4 verschiedenfarbige große Schaumstoff-Zahlenwürfel*
Zielgruppe:	*Einzelperson oder Gruppe*
Trainingsziele:	*Bewegung, Konzentration, Merkfähigkeit fördern*

* *Die Teilnehmenden sitzen im Stuhlkreis oder am Tisch.*

Basisübung mit 2 Würfeln: rot, blau

Den beiden Farben werden Einer- und Zehnerzahlen zugeordnet:

Rot = **Einerzahl**

Blau = **Zehnerzahl**

Eine Person würfelt und alle überlegen gemeinsam, für welche Zahl der Wurf steht.

Beispiel:

Es wird mit **Blau** die **2** und mit **Rot** die **5** gewürfelt:

Ergebnis: **25** (Zehnerzahl = **2**, Einerzahl = **5**).

Variante mit 3 Würfeln: rot, blau, gelb

Den drei Farben werden Einer-, Zehner- und Hunderterzahlen zugeordnet:

Rot = **Einerzahl**

Blau = **Zehnerzahl**

Gelb = **Hunderterzahl**

Eine Person würfelt und alle überlegen gemeinsam, für welche Zahl der Wurf steht.

Beispiel:

Es wird mit **Gelb** die **3**, mit **Blau** die **6** und mit **Rot** die **4** gewürfelt:

Ergebnis: **364** (Hunderterzahl = **3**, Zehnerzahl = **6**, Einerzahl = **4**).

Variante mit 4 Würfeln: rot, blau, gelb, grün

Zusätzlich wird ein **grüner** Würfel hinzugenommen:

Grün = Tausenderzahl

Eine Person würfelt und alle überlegen gemeinsam, für welche Zahl der Wurf steht.

Beispiel:

Es wird mit **Grün** die **2**, mit **Gelb** die **6**, mit **Blau** die **4** und mit **Rot** die **1** gewürfelt:

Ergebnis: **2641** (Tausenderzahl = **2**, Hunderterzahl = **6**, Zehnerzahl = **4**, Einerzahl = **1**).

Bewegungsspiele mit Materialien

Für Bewegungsspiele benötigt man nicht unbedingt teure Sportgeräte. Auch einfache Materialien, manchmal etwas umgewandelt, können spannende Sportgeräte sein und bei älteren Menschen die Neugierde wecken, was damit nun passiert. Sie fördern die Aktivität auf freudvolle Weise und können in jeden individuellen Tagesablauf eingebunden werden. Sie sind für Bewegungsspiele neuartig und doch aus dem Alltag vertraut. Traditionelle Sportgeräte dagegen können bei der einen oder anderen Person negative Erinnerungen wecken und sogar Angst auslösen, die Aufgabe nicht bewältigen zu können.

Dagegen eignen sich etwa Chiffontücher wunderbar für Bewegungsspiele. Sie bleiben lange in der Luft, sodass das Auffangen oft sicher gelingen kann und damit schöne Erfolgserlebnisse entstehen. Außerdem sind die bunten Tücher in der Luft auch ein optisch hübscher Anblick.

Statt Hanteln können wir Papprollen, beispielsweise gefüllt mit Kichererbsen o. Ä., verwenden.

Gefördert werden vor allem Reaktion und Koordination (besonders die Auge-Hand-Koordination), die visuelle und taktile Wahrnehmung, aber auch die Kooperation und Kommunikation.

Fliegender Teppich

Material:	*pro Person 2 bunte Chiffontücher*
Zielgruppe:	*Einzelperson oder Gruppe*
Trainingsziele:	*Bewegung, Koordination, Reaktion fördern*

* *Die Teilnehmenden sitzen im Stuhlkreis.*

Basisübung

Pro Person werden 2 verschiedenfarbige Chiffontücher ausgeteilt. Die Teilnehmenden führen mit den Tüchern verschiedene Wurfübungen durch:

- Tücher gleichzeitig hochwerfen und fangen.
- Tücher nacheinander hochwerfen und fangen.
- Tücher überkreuz hochwerfen und fangen.
- Tücher hochwerfen, in die Hände klatschen und fangen.

Variante 1

Nennen Sie eine Farbe. Alle, die ein Tuch in dieser Farbe haben, werfen es hoch und fangen es.

Bei der Ansage „bunt" werfen alle ihre Tücher hoch und fangen sie wieder auf.

Variante 2

Schauen Sie sich in der Runde um, welche Farben zwei Sitznachbarn haben.

Nennen Sie zwei dieser Farben. Die Sitznachbarn, die Tücher in diesen Farben haben, werfen ihr Tuch in Richtung des Nachbarn und fangen gleichzeitig das Tuch des anderen.

Beispiel:

Person 1 hat ein **rotes** und ein **blaues** Tuch

Person 2 (Sitznachbar zur Linken) hat ein **grünes** und ein **orange**farbenes Tuch.

Sagen Sie: „**Rot** tauscht mit **Orange**." Person 1 wirft ihr **rotes** Tuch hoch und fängt das **orange**farbene Tuch des Sitznachbarn – und umgekehrt.

Wenn dies für einzelne Personen zu schwierig ist, tauschen die Sitznachbarn die Tücher nur, ohne zu werfen.

Hoch oder tief

Material: *Chiffontücher (alternativ Servietten) in den Farben Rot und Grün*
Zielgruppe: *Einzelperson oder Gruppe*
Trainingsziele: *Bewegung, Konzentration, Reaktion fördern*

* *Die Teilnehmenden sitzen im Stuhlkreis oder am Tisch.*

Basisübung

Alle bekommen ein **rotes** und ein **grünes** Tuch und halten in der rechten Hand das rote Tuch und in der linken das grüne.

Lesen Sie die nachfolgende Geschichte vor. Immer wenn ein Wort mit „**hoch**" vorkommt, heben die Teilnehmenden das **rote** Tuch hoch. Wenn ein Wort mit „**tief**" vorkommt, heben Sie das **grüne** Tuch.

Geschichte

Frau **Hoch**stein liebt den **Hoch**sommer. Wenn der Himmel **tief**blau gefärbt ist, hat die Gartenarbeit **Hoch**saison, denn die Blumen erwachen aus ihrem **Tief**schlaf. Da sie seit einiger Zeit unter Blut**hoch**druck leidet, tut ihr die Gartenarbeit gut. Sie weiß, dass der Blutdruck **tief**er sinken muss, da ein Blut**hoch**druck **hoch**gefährlich ist. Das kann die Laune schon mal auf einen **Tief**stand bringen. Manchmal ist es, als würde sie von einem **Hoch**gefühl in ein Leistungs**tief** fallen, was allerdings keine **tief**gehenden Gründe hat.

Der **Hoch**sommer ist bei ihr mit **tief**bewegten Gefühlen verbunden. Um nicht in einen **Tief**schlaf zu fallen, überlegt sie, mit **Hoch**leistungssport zu beginnen, und holt dazu ihr Rennrad aus der **Tief**garage, das sie in den letzten Jahren nicht mehr benutzt hat. Doch kaum will sie losfahren, wird ein Wetter**tief** angekündigt, und sie denkt sich, dass sie dringend eine **Tief**enentspannung braucht. Denn auch **Tief**enentspannung wird dem Blut**hoch**druck guttun.

Variante

Die Basisübung wird folgendermaßen ergänzt: Wenn ein Wort mit „hoch" vorkommt, wird zusätzlich das linke Bein gestreckt. Wenn ein Wort mit „tief" vorkommt, wird zusätzlich das rechte Bein gestreckt.

Farbenquiz

Material: *bunte Chiffontücher*
Zielgruppe: *Einzelperson oder Gruppe*
Trainingsziele: *Bewegung, Konzentration, assoziatives Denken fördern*

* *Die Teilnehmenden sitzen im Stuhlkreis oder am Tisch.*

Basisübung

In der Tischmitte oder in der Mitte des Stuhlkreises liegen bunte Chiffontücher.

Die Teilnehmenden suchen Redewendungen und Sprichwörter, in denen Farben vorkommen. Hat eine Person ein Sprichwort oder eine Redewendung gefunden, nimmt sie sich ein passendes Tuch aus der Mitte.

Beispiele:

Alles im **grünen** Bereich.

Bei Nacht sind alle Katzen **grau**.

Der **rote** Faden.

Eine weiße Weste haben.

Einen **grünen** Daumen haben.

Gelb vor Neid werden.

Ins **Blaue** fahren.

Jemandem wird es zu **bunt**.

Rot wie eine Tomate werden.

...

Wer das Tuch in der jeweiligen Farbe gefunden hat, macht eine Bewegung mit diesem Tuch, z.B. Hochwerfen, und legt es wieder zurück in die Mitte.

Führen Sie die erste(n) Runde(n) reihum durch, damit alle Teilnehmenden die Chance haben, an die Reihe zu kommen. So wird auch verhindert, dass es ein lautes Stimmengewirr gibt, wenn alle ihre Ideen gleichzeitig einbringen wollen.

Variante

Stellen Sie Fragen zu Sprichwörtern und Redewendungen, in denen Farben vorkommen. Wer die richtige Farbe errät, nimmt sich ein Tuch mit der entsprechenden Farbe aus der Mitte und macht damit eine Bewegung.

Beispiele:

Wenn man unangenehm überrascht wird oder unerwartet ein schlimmes Erlebnis hat, so erlebt man sein ...
... **blaues** Wunder.

Jemand, der eine andere Person wütend macht, ärgert oder provoziert, ist für diese Person ein ...
... **rotes** Tuch.

Wenn man die Erlaubnis erhält, etwas zu tun, bekommt man ...
... **grünes** Licht.

Wer sehr gut mit Pflanzen umgehen kann, hat einen ...
... **grünen** Daumen.

Wenn man ein bestimmtes Datum nicht vergessen will, streicht man es im Kalender ...
... **rot** an.

Pannenhelfer vom ADAC bezeichnet man auch als ...

... **gelbe** Engel.

Wer unentschuldigt und grundlos der Arbeit oder der Schule fernbleibt, macht ...
... **blau**.

Wenn jemand sehr neidisch ist, wird er ...
... **gelb** vor Neid.

Eine Firma, die finanzielle Verluste macht, schreibt ...
... **rote** Zahlen.

Tüchertausch

Material: *Chiffontücher in den Farben Rot, Blau, Gelb, Grün*
Zielgruppe: *Gruppe*
Trainingsziele: *Bewegung, Wahrnehmung, Konzentration fördern*

* *Die Teilnehmenden gehen im Raum.*

Basisübung

Alle Teilnehmenden erhalten ein Tuch und gehen damit durch den Raum.

Nennen Sie zwei Farben. Diejenigen, die diese beiden Tuchfarben haben, tauschen ihre Tücher.

Variante 1

Alle gehen durch den Raum. Nennen Sie laut zwei Farben. Jeweils zwei Personen mit anderen Tuchfarben als den genannten tauschen ihre Tücher.

Variante 2

Geben Sie an, in welcher Reihenfolge sich die Teilnehmenden im Kreis aufstellen sollen:

Beispiel:

1. Runde:

Reihenfolge der Tuchfarben: **Rot** – **Blau** – **Gelb** – **Grün** – **Rot** – **Blau** – **Gelb** – **Grün** – **Rot** – **Blau** ...

Anschließend laufen alle wieder durch den Raum.

2. Runde:

Reihenfolge der Tuchfarben: **Blau** – **Grün** – **Gelb** – **Rot** – **Blau** – **Grün** – **Gelb** – **Rot** – **Blau** – **Grün** ...

Anschließend laufen alle wieder durch den Raum.

Farbenkonzert

Material: *Tücher in verschiedenen Farben*
Zielgruppe: *Einzelperson oder Gruppe*
Trainingsziele: *Bewegung, Reaktion, Merkfähigkeit fördern*

* *Die Teilnehmenden sitzen im Stuhlkreis oder am Tisch. Setzen Sie sich so, dass alle Ihre Bewegungen gut sehen können.*

Den verschiedenen Tuchfarben werden unterschiedliche Bewegungen zugeordnet, die von der Gruppe gemeinsam festgelegt werden können.

Beispiele:

Rot Den Oberkörper vor- und zurückbewegen.

Gelb Den Kopf nach links und rechts drehen.

Grün Die Arme verschränken.

Blau Beide Ellbogen zusammenführen.

Basisübung

Üben Sie die Zuordnung zunächst mehrfach mit den Teilnehmenden ein: Sie heben ein farbiges Tuch und sagen dazu die passende Bewegung an, die dann alle zusammen durchführen. So prägen sich die Teilnehmenden die Zuordnung ein.

Heben Sie dann im Wechsel verschiedenfarbige Tücher hoch. Die Teilnehmenden führen dazu – ohne Ansage – die entsprechende Bewegung aus.

Variante

Heben Sie zwei Tücher hoch, und die Teilnehmenden führen gleichzeitig die dazugehörigen Bewegungen aus.

Mögliche Farb- und Bewegungskombinationen sind zum Beispiel:

1. **Rot** **Gelb**
2. **Gelb** **Blau**
3. **Blau** **Rot**
4. **Grün** **Rot**

Solo-Ball

Material: *Tennisbälle oder andere leichte Bälle*
Zielgruppe: *Gruppe*
Trainingsziele: *Bewegung, Koordination, Konzentration fördern*

* *Die Teilnehmenden stehen oder sitzen im Stuhlkreis.*

Basisübung

Die Teilnehmenden werfen mit einer Hand einen Ball ein wenig hoch und fangen ihn mit derselben Hand wieder auf.

Sie führen dies 8- bis 10-mal durch, machen dann eine Pause und wechseln die Hand.

Variante 1

Die Teilnehmenden werfen mit einer Hand einen Ball ein wenig hoch und fangen ihn mit der anderen Hand wieder auf.

Sie führen dies 8- bis 10-mal durch.

Variante 2

Die Teilnehmenden werfen einen Ball mit einer Hand ein wenig hoch, klatschen und fangen ihn mit derselben Hand wieder auf.

Sie führen auch dies 8- bis 10-mal durch.

Variante 3

Die Teilnehmenden berühren nach jedem Wurf mit der Wurfhand den andersseitigen Oberschenkel und fangen den Ball gleichzeitig mit der anderen Hand auf.

Sie führen dies 8- bis 10-mal mit beiden Händen im Wechsel durch.

Variante 4

Die Teilnehmenden berühren nach jedem Wurf mit der Wurfhand die andersseitige Schulter und fangen den Ball gleichzeitig mit der anderen Hand auf.

Sie führen auch dies 8- bis 10-mal mit beiden Händen im Wechsel durch.

Variante 5

Die Teilnehmenden werfen sich gegenseitig einen Ball zu (oder geben ihn weiter). Dabei wird bei jedem Ballwechsel gerechnet:

Zweierreihe: **2, 4, 6 ...**

Dreierreihe: **3, 6, 9 ...**

Plus **2**, plus **1** im Wechsel: **1, 3, 4, 6, 7, 9 ...**

Bei der Vorgabe der Zahlenfolgen richten Sie sich nach den Fähigkeiten der Teilnehmenden und gestalten Sie sie ggf. schwieriger oder einfacher.

Gemischtes Doppel

Material:	*pro Person 1 kleiner Ball (z.B. Tennisball)* *pro Person 1 Tuch*
Zielgruppe:	*Einzelperson oder Gruppe*
Trainingsziele:	*Bewegung, Koordination, Konzentration fördern*

* *Die Teilnehmenden stehen oder sitzen im Stuhlkreis.*

Basisübung

Die Teilnehmenden werfen einen Ball mit einer Hand hoch und fangen ihn mit derselben Hand wieder auf.

Danach werfen sie mit der anderen Hand das Tuch hoch und fangen es mit derselben Hand wieder auf.

5 bis 10 Wiederholungen sind zu empfehlen.

Die unterschiedlichen Materialien erfordern immer wieder eine Umstellung im Gehirn.

Variante 1

Die Teilnehmenden werfen den Ball und das Tuch gleichzeitig hoch und fangen beides wieder auf.

Sie machen so 5 bis 10 Durchgänge, legen dann eine Pause ein und Ball und Tuch wechseln anschließend die Hände.

Variante 2

Die Teilnehmenden werfen einen Ball und ein Tuch nacheinander hoch und fangen beides auf.

Sie machen so 5 bis 10 Durchgänge, legen dann eine Pause ein und Ball und Tuch wechseln anschließend die Hände.

Gute Reaktion

Material: *pro Person 1 Papprolle*
Zielgruppe: *Einzelperson oder Gruppe*
Trainingsziele: *Bewegung, Wahrnehmung, Reaktion fördern*

* *Die Teilnehmenden stehen oder sitzen.*

Basisübung

Alle halten ihre Papprolle in der Hand, strecken den Arm in Brusthöhe aus und machen nacheinander mehrfach wiederholt folgende Fangübungen:

1. Rolle waagerecht halten, loslassen und mit derselben Hand auffangen.
2. Rolle senkrecht halten, loslassen und mit derselben Hand auffangen.
3. Rolle loslassen und mit der anderen Hand auffangen.
4. Rolle hochwerfen und vor dem Fangen in die Hände klatschen.
5. Rolle hochwerfen und vor dem Fangen gegenüberliegende Schulter berühren.
6. Nummer 4 und 5 im Wechsel durchführen.

Jede Übung sollte mehrfach wiederholt werden. Danach wird die Hand gewechselt.

Variante 1 (Partnerübung mit 1 Rolle)

Eine Person hält eine Papprolle in der rechten Hand und streckt den Arm in Brusthöhe aus. Sie lässt die Papprolle los und die zweite Person fängt sie auf.

Die Fangübung 3- bis 5-mal mit jeder Hand durchführen, dann wechseln die Paare ihre Aufgaben.

Variante 2 (Partnerübung mit 2 Rollen)

Zwei Personen stehen einander gegenüber. Sie halten jeweils eine Papprolle in der rechten Hand und strecken den Arm in Brusthöhe aus. Die beiden wählen nun ein Kommando, z.B.: „**1, 2, 3**!“ Bei 3 lassen sie ihre die Papprolle los und jede Person versucht, die Papprolle des Gegenübers zu fangen.

Die Fangübung 3- bis 5-mal mit jeder Hand durchführen.

Poolgymnastik

Material: *pro Person 1 Poolnudelstück (30–40 cm)*
beschwingte Musik
Zielgruppe: *Gruppe*
Trainingsziele: *Bewegung, Koordination, Konzentration fördern*

* *Jeweils 2 Personen stehen oder sitzen sich mit etwas Abstand gegenüber.*

Basisübung

Zwei Personen sitzen oder stehen sich gegenüber. Jede Person reicht der anderen das Ende ihrer Poolnudel, sodass sie sich mit der linken und der rechten Hand jeweils eine Poolnudel „teilen".

Sie führen nun gemeinsam zum Takt der Musik verschiedene Bewegung durch:

1. Arme gleichzeitig vor- bzw. zurückschwingen.
2. Arme entgegengesetzt vor- bzw. zurückschwingen.
3. Arme kreisen in Spiralen vorwärts (andere Person: rückwärts).
4. Arme kreisen in Spiralen rückwärts (andere Person: vorwärts).
5. Arme seitlich im Bogen nach oben bringen und wieder senken.
6. Hände weit nach unten neben die Waden bringen.
7. Arme vor dem Körper überkreuzen, mal den einen, mal den anderen Arm obenliegend.
8. Im Wechsel die Partnerperson mit den Poolnudeln langsam heranziehen, ggf. zum Aufstehen hochziehen, dabei Füße in Schrittstellung positionieren.

Achten Sie darauf, Paare zusammenzustellen, die in ihren Bewegungen etwa gleich schnell bzw. gleich langsam sind. So machen die verschiedenen Bewegungen allen Spaß.

Körperspirale

Material: *pro Person 1 Poolnudelstück (30–40 cm)*
Zielgruppe: *Einzelperson oder Gruppe*
Trainingsziel: *Bewegung, Koordination, Konzentration fördern*

* *Die Teilnehmenden stehen oder sitzen im Stuhlkreis.*

Basisübung

Alle Teilnehmenden halten ein Poolnudelstück in einer Hand. Die Poolnudeln werden nun hinter dem Rücken in die andere Hand gegeben. Vor dem Bauch wird wieder die Hand gewechselt und anschließend wieder hinter dem Rücken.

Dann die Richtung und die Hand wechseln.

Achten Sie darauf, Paare zusammenzustellen, die in ihren Bewegungen etwa gleich schnell bzw. gleich langsam sind. So machen die verschiedenen Bewegungen allen Spaß.

Variante 1

Die Poolnudeln werden über die Schulter hinter dem Rücken in die andere Hand gegeben. Der nächste Handwechsel erfolgt vor dem Bauch. So wird mehrere Runden fortgefahren.

Dann die Richtung und die Hand wechseln.

Variante 2

Vier Schritte zum Ziel:

Die Teilnehmenden übergeben eine Poolnudel nach der unten beschriebenen Abfolge von einer Hand in die andere:

1. von der rechten Hand unter dem linken Knie hindurch in die linke Hand
2. hinter dem Rücken in die rechte Hand
3. von der rechten Hand vor dem Körper in die linke Hand
4. von der linken Hand unter dem rechten Knie hindurch in die rechte Hand

Ablauf mehrmals wiederholen.

Bewegungswürfel

Material:	*1 großer Schaumstoffwürfel mit Farben statt Zahlen*
Zielgruppe:	*Gruppe*
Trainingsziel:	*Bewegung, Wahrnehmung, Merkfähigkeit*

* *Die Teilnehmenden sitzen im Stuhlkreis.*

Basisübung

Den Farben des Würfels werden Bewegungen zugeordnet. Damit die Teilnehmenden sich die verschiedenen Bewegungen gut merken können, nutzen Sie passende Assoziationen zu den Farben z.B.:

Rot	=	Hände vor der Brust verschränken (Herzgegend)
Blau	=	einmal mit den Händen nach links, dann nach rechts Richtung Boden gleiten (Veilchen pflücken)
Gelb	=	Arme nach oben strecken (zur Sonne)
Grün	=	Füße nacheinander hoch anheben (durchs hohe Gras waten)
Schwarz	=	Arme nach vorne ausstrecken (in die Dunkelheit vortasten)
Braun	=	mit den Füßen auf den Boden stampfen (Erde abklopfen)

Üben Sie die Zuordnung gemeinsam ein, indem Sie die Bewegungen vormachen und die Teilnehmenden entsprechend mitmachen.

Lassen Sie die Teilnehmenden danach reihum würfeln. Entsprechend der gewürfelten Farbe führen alle gemeinsam die passende Bewegung durch.

Balance im Laufen

Material:	*pro Person 1 große Korkscheibe mit einem Durchmesser von ca. 20 cm (z.B. eignen sich Topfuntersetzer eines schwedischen Einrichtungshauses sehr gut dafür)*
	pro Person 1 Tischtennisball und 1 Küchenschwamm
Zielgruppe:	*Gruppe*
Trainingsziele:	*Bewegung, Koordination, Balance fördern*

* *Die Teilnehmenden gehen oder stehen im Raum.*

Basisübung

Alle laufen frei im Raum umher und halten ihre Korkscheibe waagerecht auf der flachen Hand.

Eine Person hält einen Küchenschwamm. Sie versucht, während des Umherlaufens den Schwamm auf die Scheibe einer anderen Person zu legen. Die übrigen Teilnehmenden versuchen, dies durch geschickte Haltung ihres Armes zu verhindern, ohne dass die Korkscheibe herunterfällt.

Lassen Sie die Teilnehmenden nach mehreren Runden die Hände wechseln.

Gelingt es dennoch, den Schwamm an eine andere Person weiterzugeben, ist diese an der Reihe, den Schwamm loszuwerden.

Variante 1 (mit Tischtennisball)

Alle balancieren einen Tischtennisball auf ihrer Korkscheibe. Sie können dies zunächst beidhändig, dann einhändig probieren. Dabei laufen sie langsam durch den Raum.

Variante 2 (mit Tischtennisball)

Die Teilnehmenden legen ihren Tischtennisball auf ihre Korkscheibe. Dann lassen sie ihn auf den Boden fallen und versuchen, ihn mit der Scheibe wieder aufzufangen.

Diese Übung geht auch mit einem Partner, der den Ball mithilfe der Korkscheibe auffängt.

Balance im Sitzen

Material:	*pro Person 1 große Korkscheibe mit einem Durchmesser von ca. 20 cm, (z.B. eignen sich Topfuntersetzer eines schwedischen Einrichtungshauses sehr gut dafür)* *1 kleiner Ball*
Zielgruppe:	*Einzelperson oder Gruppe*
Trainingsziele:	*Bewegung, Koordination, Reaktion fördern*

* *Die Teilnehmenden sitzen im Stuhlkreis oder am Tisch.*

Basisübung

Mit den Korkscheiben werden verschiedene Balancebewegungen durchgeführt: Alle halten ihre Scheibe auf der rechten flachen Hand. Sie legen die linke Hand auf die Scheibe und drehen die Hände mit der Scheibe dazwischen um. Danach die rechte Hand, die nun oben liegt, lösen.

Die Teilnehmenden halten ihre Scheibe nun auf der linken flachen Hand. Sie legen die rechte Hand auf die Scheibe und drehen die Hände um. Danach die linke Hand, die nun oben liegt, lösen.

Dieser Bewegungsablauf sollte 8- bis 10-mal durchgeführt werden.

Variante I

Alle halten ihre Korkscheibe auf der rechten flachen Hand. Mit einer schwungvollen Drehung verlagern sie die Scheibe dann auf die linke flache Hand, die neben der rechten in gleicher Position „wartet". Die rechte Hand löst sich und geht in die Ausgangsposition.

Danach wird die Scheibe mit einer schwungvollen Drehung von der linken auf die rechte Hand gelegt. Danach die linke Hand, die nun oben liegt, lösen und in die Ausgangsposition zurückführen.

Der Bewegungsablauf sollte 8- bis 10-mal durchgeführt werden.

Variante 2 (am Tisch)

Lassen Sie folgende Übung zunächst mit der geübten, dann mit der ungeübten Hand ausführen:

Die Teilnehmenden stellen ihre Korkscheibe senkrecht auf den Tisch und halten sie oben fest. Nun drehen sie die Scheibe mehrmals schwungvoll um die eigene Achse, mal links herum, mal rechts herum.

Variante 3 (am Tisch, 1 Scheibe für die gesamte Gruppe)

Lassen Sie die Teilnehmenden folgende Übung zunächst mit der geübten, dann mit der ungeübten Hand ausführen:

Eine Person beginnt und rollt die senkrecht stehende Scheibe zu einer anderen Person, die sie wiederum zu einer weiteren Person rollt.

Variante 4 (am Tisch mit einem kleinen Ball)

Lassen Sie die Teilnehmenden auch die folgende Übung zunächst mit der geübten, dann mit der ungeübten Hand ausführen:

Legen Sie einen kleinen Ball in die Tischmitte. Alle versuchen nun der Reihe nach, den Ball zu treffen, indem sie ihre Scheibe in Richtung Ball rollen.

Rotationsrunde

Material: *pro Person 1 Tischtennisball*
pro Person 1 Pappbecher (für Variante 1 mit Rand an der Bodenseite)
Zielgruppe: *Gruppe*
Trainingsziele: *Bewegung, Koordination, Reaktion fördern*

* *Die Teilnehmenden sitzen im Stuhlkreis oder am Tisch.*

Basisübung

Alle halten einen Pappbecher in der Hand und lassen den darin liegenden Tischtennisball rotieren.

Machen Sie zunächst keine Vorgabe für die Armstellung. Viele werden ihren Oberarm bei der Übung am Körper angelegt halten.

Fordern Sie die Teilnehmenden nun auf, bei der Übung den Oberarm vom Körper zu lösen. Wie fühlt sich die Körperbewegung nun an? Gibt es Unterschiede?

Alle wechseln nach einer Weile die Drehrichtung. Danach wird auch die Hand gewechselt (beide Drehrichtungen).

Variante 1

Alle halten einen umgedrehten Pappbecher in der Hand und legen auf den nach oben zeigenden Becherboden (mit Rand) einen Tischtennisball. Diesen Ball lassen sie nun auf dem Becherboden rotieren.

Auch hier sollten Sie darauf achten, dass die Armstellung wechselt – mal an den Körper angelegt, mal vom Körper gelöst –, um die Körperwahrnehmung zu trainieren. Alle wechseln nach einer Weile die Drehrichtung. Danach wird auch die Hand gewechselt.

Variante 2

Bei dieser Übung wird nur ein Tischtennisball für die ganze Gruppe benötigt. Alle bekommen einen Becher.

Eine Person startet mit dem Ball in ihrem Becher. Sie „schüttet" den Ball in den Becher der Person neben ihr. Auf diese Weise wird der Ball Runde für Runde auf unterschiedliche Weise durch die ganze Gruppe weitergereicht:

- mit der rechten Hand mit Innenrotation in den Becher des linken Nachbarn
- mit der rechten Hand mit Außenrotation in den Becher des rechten Nachbarn
- mit der linken Hand mit Innenrotation in den Becher des rechten Nachbarn
- mit der linken Hand mit Außenrotation in den Becher des linken Nachbarn

Variante 3 (am Tisch)

Bei diesem Bewegungsspiel wird ebenfalls nur ein Tischtennisball für die ganze Gruppe benötigt und für jeden Teilnehmenden ein Becher. Alle sitzen um einen Tisch herum.

Der Ball wird zunächst reihum über den Tisch von einer Person zur nächsten gerollt, eine Runde nach rechts, eine Runde nach links. Jede Person fängt den Ball mit ihrem umgedrehten Becher ein und rollt ihn weiter.

In der nächsten Runde wird ein Ball kreuz und quer über den Tisch gerollt und von den Teilnehmenden, auf die er zurollt, mit dem Becher aufgefangen und weitergerollt. Es können hierbei ein bis zwei weitere Bälle dazugenommen werden.

Zwei zu eins

Material: *1 roter und 1 blauer Ball*
Zielgruppe: *Gruppe*
Trainingsziele: *Bewegung, Konzentration, Merkfähigkeit fördern*

* *Die Teilnehmenden sitzen im Stuhlkreis oder am Tisch.*

Basisübung

Bei dieser Übung ist eine ungerade Personenzahl wichtig. Sollte Ihre Gruppe eine gerade Zahl aufweisen, setzen Sie selbst ab der zweiten Runde einfach aus.

Ein blauer Ball wird zu jeder zweiten Person nach rechts geworfen (Stuhlkreis) oder gerollt (am Tisch).

So erhalten in der ersten und zweiten Runde jeweils andere Personen den Ball. Spielen Sie mit dem blauen Ball ca. 10 Runden.

Variante I

Ein roter Ball wird zu jeder zweiten Person nach links geworfen (Stuhlkreis) oder gerollt (am Tisch).

So erhalten in der ersten und zweiten Runde jeweils andere Personen den Ball. Spielen Sie mit dem roten Ball ca. 10 Runden.

Variante 2

Spielen Sie gleichzeitig mit dem blauen und dem roten Ball. Der blaue Ball wird nach rechts und der rote Ball nach links geschickt.

Es gibt also in jeder Runde eine Schnittstelle, an der eine Person beide Bälle erhält, die sie nun richtig in die beiden Richtungen weitergeben soll.

Variante 3

Der blaue Ball wird zur übernächsten Person nach rechts weitergegeben, die ihn zu ihrem direkten linken Nachbarn „zurück" gibt. Nun wieder zur übernächsten Person nach rechts weitergeben und wieder zurück zum direkten linken Nachbarn …

Variante 4

Der rote Ball wird zur übernächsten Person nach links weitergegeben und wandert von dort zum direkten rechten Nachbarn „zurück". Nun wieder zur übernächsten Person nach links weitergeben und wieder zurück zum direkten rechten Nachbarn …

Zahlenrallye

Material:	*Zahlenkarten von 1 bis 30 (Sie können auch Karten von Kartenspielen zweckentfremden, z.B. Karten des Spiels „Elfer raus!", dort finden Sie Zahlenkarten von 1 bis 20)* *pro Person 1 Fliegenklatsche*
Zielgruppe:	*Einzelperson oder Gruppe*
Trainingsziele:	*Bewegung, Konzentration, Reaktion fördern*

* *Die Teilnehmenden sitzen am Tisch.*

Basisübung

Auf dem Tisch verteilt liegen, gemischt und aufgedeckt, die Zahlenkarten von **1** bis **30**. Nennen Sie eine Zahl. Die Teilnehmenden suchen die genannte Zahlenkarte und versuchen, diese so schnell wie möglich mit ihrer Fliegenklatsche zu berühren.

Variante 1

Nennen Sie eine Zahl zwischen **1** und **30**. Die Teilnehmenden suchen die Karte mit der darauffolgenden Zahl und berühren sie mit ihrer Fliegenklatsche.

Beispiel:

Sie nennen die Zahl **11**, die Teilnehmenden berühren die Zahl **12** mit der Fliegenklatsche.

Variante 2

Nennen Sie eine Zahl zwischen **2** und **30**. Die Teilnehmenden suchen die Karte mit der vorherigen Zahl und berühren sie mit ihrer Fliegenklatsche.

Beispiel:

Sie nennen die Zahl **11**, die Teilnehmenden berühren die Zahl **10** mit der Fliegenklatsche.

Dieses Spiel kann auch mit Buchstabenkarten gespielt werden.

Gut gezielt

Material: *1 großer Farbwürfel*
6 Eierkartons, angemalt in den 6 verschiedenen Farben des Farbwürfels
pro Person 1 Tischtennisball
Zielgruppe: *Gruppe*
Trainingsziele: *Bewegung, Wahrnehmung, Konzentration fördern*

* *Die Teilnehmenden sitzen im Stuhlkreis.*

Basisübung

Jede Person bekommt einen Tischtennisball. In der Stuhlkreismitte liegen die Eierkartons dicht aneinandergelegt. Sie sind das Wurfziel für die Tischtennisbälle.

Die Teilnehmenden würfeln der Reihe nach. Die geworfene Farbe des Würfels gibt an, welcher Eierkarton mit dem Tischtennisball getroffen werden soll. Wer an der Reihe ist, wirft seinen Tischtennisball mit der geübten Hand.

Trifft die Person den Eierkarton in der richtigen Farbe, erhält sie 10 Punkte.

Trifft die Person einen Eierkarton in einer anderen Farbe, erhält sie 5 Punkte.

Trifft die Person keinen Eierkarton, erhält sie keinen Punkt, sondern nennt zu der Würfelfarbe einen passenden Begriff, z.B.: Blaubeere, Grünspecht ...

Variante 1

Die Durchführung erfolgt wie die Basisübung. Die Teilnehmenden werfen aber nun mit ihrer ungeübten Hand.

Variante 2

Die Durchführung erfolgt wie die Basisübung. Die Teilnehmenden werfen aber nun mit geschlossenen Augen.

Zum Abschluss der Wurfrunden kann der Sieger oder die Gewinnerin ermittelt werden, indem pro Person die Punkte aller drei Durchgänge zusammengezählt werden.

Natürlich kann auch ohne Punktebewertung gespielt werden, falls Sie das Gefühl haben, dass Frust aufkommen könnte.

Transporter

Material:	*pro Person 1 Fliegenklatsche*
	mehrere bunte Küchenschwämme
Zielgruppe:	*Gruppe*
Trainingsziel:	*Bewegung, Wahrnehmung, Konzentration fördern*

* *Die Teilnehmenden sitzen im Stuhlkreis.*

Basisübung

Verteilen Sie die Fliegenklatschen und geben Sie jeder zweiten Person im Stuhlkreis auch einen Küchenschwamm, den sie ihr auf die Fliegenklatsche legt.

Die Küchenschwämme werden nun mit der Fliegenklatsche in der rechten Hand an den rechten Nachbarn weitergegeben, der ihn mit seiner Fliegenklatsche aufnimmt und ebenfalls nach rechts weitergibt.

Variante 1

Wie die Basisversion, aber die Küchenschwämme werden mit der linken Hand nach links weitergegeben.

Variante 2

Eine Person hält eine Fliegenklatsche mit Küchenschwamm in der rechten Hand.

Die Person links neben ihr hält mit der linken Hand ihre Fliegenklatsche und legt sie auf die nachbarliche Fliegenklatsche mit dem Küchenschwamm. Dann drehen beide gemeinsam die Fliegenklatschen um, indem sie sie fest aneinanderdrücken. Dazwischen liegt wie beim Sandwich der Küchenschwamm.

Nun hebt die Person mit der oben aufliegenden Fliegenklatsche diese ab, und der Küchenschwamm kann auf die gleiche Weise nach links zur nächsten Person weitergegeben werden.

Fliegenfußball

Material: *pro Person 1 Fliegenklatsche*
1 Luftballon
1 dickes Seil, ca. 3 m lang
Zielgruppe: *Gruppe*
Trainingsziele: *Bewegung, Koordination, Reaktion fördern*

* *Die Teilnehmenden sitzen im Stuhlkreis (Basisübung) oder als 2 Mannschaften einander gegenüber (Variante).*

Basisübung

Jede Person erhält eine Fliegenklatsche. Ein stabiler nicht zu stark aufgeblasener Luftballon wird nun mit der Fliegenklatsche zwischen den Teilnehmenden hin und her geschlagen. Alle versuchen zu verhindern, dass der Luftballon den Boden berührt.

Variante 1

Spielen Sie den Schiedsrichter.

Die Gruppe wird in zwei Mannschaften unterteilt, die einander gegenübersitzen. In der Mitte liegt ein dickes Seil zur Markierung der beiden Mannschaftszonen.

Jede Mannschaft versucht, den Luftballon mit der Fliegenklatsche auf das Gebiet der gegnerischen Mannschaft zu schlagen. Fällt der Luftballon auf den Boden des Gegners, gibt es einen Punkt.

Variante 2

Das Spiel aus Variante 1 kann auch mit der ungeübten Hand gespielt werden.

Kreuz-Klatsch

Material:	*Musik im Viervierteltakt*
Zielgruppe:	*Einzelperson oder Gruppe*
Trainingsziele:	*Bewegung, Koordination, Konzentration fördern*

* *Die Teilnehmenden sitzen im Stuhlkreis oder für die Variante paarweise gegenüber. Setzen Sie sich so, dass alle Ihre Bewegungen gut sehen können.*

Basisübung (im Stuhlkreis)

Üben Sie mit den Teilnehmenden folgenden Bewegungsablauf ein:

auf die Oberschenkel klatschen
in die Hände klatschen

mit der rechten Hand die linke Schulter berühren
in die Hände klatschen

auf die Oberschenkel klatschen
in die Hände klatschen

mit der linken Hand die rechte Schulter berühren
in die Hände klatschen

auf die Oberschenkel klatschen
in die Hände klatschen

Bekannte Lieder im Viervierteltakt sind: Das Wandern ist des Müllers Lust; Hejo, spann den Wagen an; New York, New York (Frank Sinatra); Feuerwerk (Helene Fischer); Beiß nicht gleich in jeden Apfel (Wencke Myhre); Er gehört zu mir (Marianne Rosenberg).

Der Bewegungsablauf wird mehrfach wiederholt. Üben sie anfangs ohne Musik und dann mit Musik.

Variante (Partnerübung)

Je zwei Personen sitzen einander gegenüber am Tisch und führen denselben Bewegungsablauf wie in der Basisübung durch – mit folgender Ergänzung:

rechte Hände beider Partner berühren sich
in die Hände klatschen

auf die Oberschenkel klatschen
in die Hände klatschen

linke Hände beider Partner berühren sich
in die Hände klatschen

Auch diese Übung wird zunächst ohne Musik und dann mit Musik geübt.

Blumenkranz

Material:	*beschwingte Musik*
	pro Person 1 farbiges Tuch (verschiedene Farben)
Zielgruppe:	*Einzelperson oder Gruppe*
Trainingsziele:	*Bewegung, Koordination, Wahrnehmung fördern*

* *Die Teilnehmenden sitzen im Stuhlkreis oder am Tisch.*

Basisübung

Jede Person hält ein farbiges Tuch an einem Ende in der geübten Hand.

Das Tuch wird nur mit dieser Hand zu einem Knäuel zusammengezogen, bis es in der Hand verschwunden ist.

Wiederholen Sie gemeinsam die Übung.

Variante I

Wie die Basisübung – aber diesmal hält die ungeübte Hand das Tuch.

Wiederholen Sie die Übung.

Variante I

Jede Person hält ein farbiges Tuch zusammengeknüllt so zwischen den gefalteten Händen, dass man es nicht sehen kann.

Die Teilnehmenden strecken nun ihre Arme aus, sodass die Hände aller in der Mitte relativ nahe zueinanderkommen.

Nun öffnen alle im Zeitlupentempo bis zur Hälfte ihre Hände und die Tücher entfalten sich zu einem „Blumenkranz“.

Die Übung eignet sich besonders als Abschlussübung einer Aktivierungseinheit, da sie positive Emotionen weckt.

Anhang
Kopiervorlagen

Bewegung hält
uns alle fit,
drum mache ich
heute gerne mit.

Ich halt mich fit,
mir geht es gut,
komm, mach doch mit,
nur etwas Mut!

Beim Training mach ich gerne mit. Es hält den Kopf und Körper fit.

Manchmal versagt
mir dieses HIRN,
dann fass ich grübelnd
an die STIRN.
Doch mach ich
Training
für den KOPF,
pack ich das Übel
an dem SCHOPF.

Lasst uns denken und bewegen, ums Gedächtnis anzuregen.

klein	teuer
neu	hoch
hell	dünn
rund	weich

schwer	stumpf
eng	fern
groß	dick
billig	weit

dunkel	alt
hart	nah
leicht	spitz
tief	eckig

Kopf	Hand
Schulter	Ellenbogen
Bauch	Knie
Fuß	

Die Autorinnen

Agnes Boos

Agnes Boos arbeitet seit über 20 Jahren selbstständig als ausgebildete Gedächtnis- und Bewegungstrainerin. Neben der Ausbildung zur Gedächtnistrainerin und Ausbildungsreferentin beim Bundesverband Gedächtnistraining e.V. hat sie eine Ausbildung zur Übungsleiterin Sport in der Prävention mit Älteren beim Landessportbund Hessen e.V. absolviert.

Ihre Tätigkeitsschwerpunkte sind Seminare und Vorträge für Berufstätige und Lernende mit den Schwerpunkten Merktechniken und Gehirntraining sowie Kurse zur geistigen und körperlichen Aktivierung von älteren Menschen mit und ohne demenzielle Erkrankungen. Zum Thema „Gedächtnistraining und Bewegung" arbeitet sie in verschiedenen Projekten der Sportverbände in Hessen und als Dozentin für verschiedene Bildungszentren der Altenhilfe.

Karin Platje

Karin Platje ist staatlich anerkannte Altenpflegerin, Gedächtnistrainerin und Ausbildungsreferentin des Bundesverband Gedächtnistraining e.V.

Zusätzlich absolvierte sie die Weiterbildung zum Demenzcoach im Gesundheitswesen an der Zentrale AB Gütersloh. Sie ist seit vielen Jahren als Demenzcoach für verschiedene Aus- und Fortbildungseinrichtungen sowie im Gruppen- und Einzelcoaching erfolgreich tätig. Ihr Schwerpunkt liegt im Themenbereich „Demenz".

Sie ist freiberufliche Dozentin für viele Träger in Altenpflege und Gesundheitseinrichtungen und bietet dort u.a. die Fortbildungen für Betreuungskräfte nach §53c §43b SGB XI an. In der Grafschaft Bentheim, ihrer Heimat, hat sie 2020 die Beratungsstelle „Mobile Demenzberatung – ein Angebot für Menschen mit Demenz" aufgebaut.

Gemeinsames Bewegen in der Gruppe, verbunden mit spannenden Gedächtnisübungen, biografischen Elementen, Musik und Spaß ist für die Autorinnen das ideale Präventionsprogramm, um im Alter lange fit und selbstständig zu bleiben. Die immer wieder wahrnehmbaren positiven Effekte des Trainings motivieren sie, vielen Menschen diese Übungen durch Seminarangebote und durch dieses Buch näherzubringen.